Otto von Bismarck

Die Reden

Otto von Bismarck

Die Reden

ISBN/EAN: 9783743382398

Hergestellt in Europa, USA, Kanada, Australien, Japan

Cover: Foto ©ninafisch / pixelio.de

Manufactured and distributed by brebook publishing software (www.brebook.com)

Otto von Bismarck

Die Reden

Die

Reden

des

Grafen von Bismarck-Schönhausen

gehalten

im Reichstag des norddeutschen Bundes
nebst den Reden im Abgeordnetenhause
über die Einverleibung Schleswig-Holsteins und den Grenzverkehr
mit Rußland.

Mit Anhang:
Die Verfassung des norddeutschen Bundes, in vergleichender
Zusammenstellung mit dem Entwurf.

Berlin 1867.
Verlag von Fr. Kortkampf.

Thronrede zur Eröffnung des Reichstags des norddeutschen Bundes.

Erlauchte, edle und geehrte Herren vom Reichstage des Norddeutschen Bundes!

Es ist ein erhebender Augenblick, in welchem Ich in Ihre Mitte trete; mächtige Ereignisse haben ihn herbeigeführt, große Hoffnungen knüpfen sich an denselben. Daß es Mir vergönnt ist, in Gemeinschaft mit einer Versammlung, wie sie seit Jahrhunderten keinen Deutschen Fürsten umgeben hat, diesen Hoffnungen Ausdruck zu geben, dafür danke ich der göttlichen Vorsehung, welche Deutschland dem von seinem Volke ersehnten Ziele auf Wegen zuführt, die wir nicht wählen oder voraussehen. Im Vertrauen auf diese Führung werden wir jenes Ziel um so früher erreichen, je klarer wir die Ursachen, welche uns und unsere Vorfahren von demselben entfernt haben, im Rückblick auf die Geschichte Deutschlands erkennen.

Einst mächtig, groß und geehrt, weil einig und von starken Händen geleitet, sank das Deutsche Reich nicht ohne Mitschuld von Haupt und Gliedern in Zerrissenheit und Ohnmacht. Des Gewichtes im Rathe Europa's, des Einflusses auf die eigenen Geschicke beraubt, ward Deutschland zur Wahlstatt der Kämpfe fremder Mächte, für welche es das Blut seiner Kinder, die Schlachtfelder und die Kampfpreise hergab.

Niemals aber hat die Sehnsucht des Deutschen Volkes nach seinen verlorenen Gütern aufgehört, und die Geschichte unserer Zeit ist erfüllt von den Bestrebungen, Deutschland und dem Deutschen Volke die Größe seiner Vergangenheit wieder zu erringen.

Wenn diese Bestrebungen bisher nicht zum Ziele geführt, wenn sie die Zerrissenheit, anstatt sie zu heilen, nur gesteigert haben, weil man sich durch Hoffnungen oder Erinnerungen über den Werth der Gegenwart, durch Ideale über die Bedeutung der Thatsachen täuschen ließ, so erkennen wir daraus die Nothwendigkeit, die Einigung des Deutschen Volkes an der Hand der Thatsachen zu suchen und nicht wieder das Erreichbare dem Wünschenswerthen zu opfern.

In diesem Sinne haben die verbündeten Regierungen im Anschlusse an gewohnte frühere Verhältnisse sich über eine Anzahl bestimmter und begrenzter, aber praktisch bedeutsamer Einrichtungen verständigt, welche ebenso im Bereiche der unmittelbaren Möglichkeit, wie des zweifellosen Bedürfnisses liegen.

Der Ihnen vorzulegende Verfassungs-Entwurf muthet der Selbstständigkeit der Einzelstaaten zu Gunsten der Gesammtheit nur diejenigen Opfer zu, welche unentbehrlich sind, um den Frieden zu schützen, die Sicherheit des Bundesgebietes und die Entwickelung der Wohlfahrt seiner Bewohner zu gewährleisten.

Meinen Hohen Verbündeten habe Ich für die Bereitwilligkeit zu danken, mit welcher sie den Bedürfnissen des gemeinsamen Vaterlandes entgegengekommen sind. Ich spreche diesen Dank in dem Bewußtsein aus, daß Ich zu derselben Hingebung für das Gesammtwohl Deutschlands auch dann bereit gewesen sein würde, wenn die Vorsehung Mich nicht an die Spitze des mächtigsten und aus diesem Grunde zur Leitung des Gemeinwesens berufenen Bundesstaates gestellt hätte. Als Erbe der Preußischen Krone aber fühle Ich Mich stark in dem Bewußtsein, daß alle Erfolge Preußens zugleich Stufen zur Wiederherstellung und Erhöhung der Deutschen Macht und Ehre geworden sind.

Ungeachtet des allgemeinen Entgegenkommens, und obschon die gewaltigen Ereignisse des letzten Jahres die Unentbehrlichkeit einer Neubildung der Deutschen Verfassung zu allseitiger Ueberzeugung gebracht und die Gemüther für die Annahme derselben empfänglicher gemacht hatten, als sie früher waren und später vielleicht wiederum sein würden, haben wir doch in den Verhandlungen von Neuem die Schwere der Aufgabe empfunden, eine volle Uebereinstimmung zwischen so vielen unabhängigen Regierungen zu erzielen, welche bei ihren Zugeständnissen obenein die Stimmungen ihrer Landstände zu beachten haben.

Je mehr Sie, meine Herren, Sich diese Schwierigkeiten vergegenwärtigen, um so vorsichtiger werden Sie, davon bin Ich überzeugt, bei Prüfung des Verfassungs-Entwurfes die schwer wiegende Verantwortung für die Gefahren im Auge behalten, welche für die friedliche und gesetzmäßige Durchführung des begonnenen Werkes entstehen könnten, wenn das für die jetzige Vorlage hergestellte Einverständniß der Regierungen für die vom Reichstage begehrten Aenderungen nicht wieder gewonnen würde. Heute kommt es vor Allem darauf an, den günstigen Moment zur Errichtung des Gebäudes nicht zu versäumen; der vollendetere Ausbau desselben kann alsdann getrost dem ferneren vereinten Wirken der Deutschen Fürsten und Volksstämme überlassen bleiben.

Die Ordnung der nationalen Beziehungen des Nordeutschen Bundes zu unseren Landsleuten im Süden des Main ist durch die Friedensschlüsse des vergangenen Jahres dem freien Uebereinkommen beider Theile anheimgestellt. Zur Herbeiführung dieses Einverständnisses wird unsere Hand den Süddeutschen Brüdern offen und entgegenkommend dargereicht werden, sobald der Norddeutsche Bund in Feststellung seiner Verfassung weit genug vorgeschritten sein wird, um zur Abschließung von Verträgen befähigt zu sein.

Die Erhaltung des Zollvereins, die gemeinsame Pflege der Volkswirthschaft, die gemeinsame Verbürgung für die Sicherheit des Deutschen Gebietes werden Grundbedingungen der Verständigung bilden, welche voraussichtlich von beiden Theilen angestrebt werden.

Wie die Richtung des Deutschen Geistes im Allgemeinen dem Frieden und seinen Arbeiten zugewandt ist, so wird die Bundesgenossenschaft der Deutschen Staaten wesentlich einen defensiven Charakter tragen. Keine feindliche Tendenz gegen unsere Nachbarn; kein Streben nach Eroberung hat die Deutsche Bewegung der letzten Jahrzehnte getragen, sondern lediglich das Bedürfniß, den weiten Gebieten von den Alpen bis zum Meere die Grundbedingungen des staatlichen Gedeihens zu gewähren, welche ihnen der Entwicklungsgang früherer Jahrhunderte verkümmert hat. Nur zur Abwehr, nicht zum Angriff einigen sich die deutschen Stämme, und das ihre Verbrüderung auch von ihren Nachbarvölkern in diesem Sinne aufgefaßt wird, beweist die wohlwollende Haltung der mächtigsten Europäischen Staaten, welche ohne Besorgniß und ohne Mißgunst Deutschland von denselben Vortheilen eines großen staatlichen Gemeinwesens Besitz ergreifen sehen, deren sie sich ihrerseits bereits seit Jahrhunderten erfreuen. Nur von uns, von unserer Einigkeit, von unserer Vaterlandsliebe hängt es daher in diesem

Augenblicke ab, dem gesammten Deutschland die Bürgschaften einer Zukunft zu sichern, in welcher es, frei von der Gefahr, wieder in Zerrissenheit und Ohnmacht zu verfallen, nach eigener Selbstbestimmung seine verfassungsmäßige Entwickelung und seine Wohlfahrt pflegen und in dem Rathe der Völker seinen friedliebenden Beruf zu erfüllen vermag.

Ich hege das Vertrauen zu Gott, daß die Nachwelt im Rückblick auf unsere gemeinsamen Arbeiten nicht sagen werde, die Erfahrungen der früheren mißlungenen Versuche seien ohne Nutzen für das Deutsche Volk geblieben, daß vielmehr unsere Kinder mit Dank auf diesen Reichstag als den Begründer der Deutschen Einheit, Freiheit und Macht zurückblicken werden.

Meine Herren! Ganz Deutschland, auch über die Grenzen unseres Bundes hinaus, harrt der Entscheidungen, die hier getroffen werden sollen.

Möge durch unser gemeinsames Werk der Traum von Jahrhunderten, das Sehnen und Ringen der jüngsten Geschlechter der Erfüllung entgegengeführt werden.

. Im Namen aller verbündeten Regierungen, im Namen Deutschlands fordere Ich Sie vertrauensvoll auf: helfen Sie uns die große nationale Arbeit rasch und sicher durchführen.

Der Segen Gottes aber, an welchem Alles gelegen ist, begleite und fördere das vaterländische Werk!

Reden des Grafen von Bismarck-Schönhausen.

Rede bei der Vorlage des Verfassungsentwurfs
in der 6. Sitzung des Reichstags am 4. März.

Im Auftrage der hohen verbündeten Regierungen habe ich die Ehre, dem Reichstage den Entwurf der Bundes-Verfassung vorzulegen, welcher zwischen den Regierungen vereinbart worden ist. Ich füge diesem Entwurfe eine authentische Ausfertigung derjenigen Verträge bei, auf welchen bisher die Constituirung des Bündnisses beruht, so wie der Protokolle über die Conferenzen, in welchen der vorgelegte Verfassungs-Entwurf zwischen den Vertretern der hohen Regierungen festgestellt worden ist. Indem ich diese Vorlage der Beschlußnahme der hohen Versammlung unterbreite, enthalte ich mich, der Rede, mit welcher der König, mein allergnädigster Herr, unsere Sitzungen eröffnet hat, etwas hinzuzufügen. Nur auf einen Gegenstand erlaube ich mir aufmerksam zu machen. In dem vorläufigen Bündniß vom 18. August vorigen Jahres lautet Artikel 6: „Die Dauer des Bündnisses ist bis zum Abschluß des neuen Bundesverhältnisses, eventuell auf ein Jahr festgesetzt, wenn der neue Bund nicht vor Ablauf eines Jahres geschlossen sein sollte." Ich beabsichtige nicht, die Situation hier näher ins Auge zu fassen, in welche Deutschland gerathen würde, wenn bis zum 18. August des laufenden Jahres, also in 5½ Monaten — von jetzt an gerechnet — unser Werk nicht zum Abschluß gebracht würde. Ich hoffe, sie wird nicht eintreten. Ich erlaube mir aber auf Einen Umstand aufmerksam zu machen, der uns Allen bekannt ist: daß die Landtage oder wenigstens manche unter ihnen sich ausdrücklich vorbehalten haben, das Resultat unserer Verhandlungen ihrer Beschlußnahme zu unterziehen. Wir werden also sofort nach Schluß des Reichstages in der Nothwendigkeit sein, die Landtage von 22 einzelnen verbündeten Staaten mit Beschleunigung zusammen zu berufen. Es ist dringend wünschenswerth, daß auch diese Phase der Entwickelung sich abschließt, bevor der 18. August eintritt. In allen diesen Momenten liegt eine neue Aufforderung zur Beschleunigung unserer Arbeiten. — Die vertragsmäßige Regelung der Beziehungen zu Süddeutschland, so wie sie Jedem von uns mehr oder weniger ausgebildet vorschweben, werden meines Erachtens wesentlich durch eine rasche und entschiedene Beschlußnahme in Norddeutschland gefördert werden. Das Vertrauen der Süddeutschen Staaten auf den Anschluß an ihre Norddeutschen Landsleute wird in dem Maße gefördert werden, in welchem sie sehen, daß wir die Schritte nach unserem Ziele hin mit Entschiedenheit machen und daß wir dieses Ziel in nahe Aussicht nehmen können. Auch in dieser Richtung, m. H., liegen Aufforderungen zur Beschleunigung unserer Arbeiten und zur baldigen Verständigung über die Punkte, über welche Meinungsverschiedenheiten obwalten möchten. — Es liegt ohne Zweifel, m. H., etwas in unserem National-Charakter, was der Vereinigung Deutschlands widerstrebt. Wir hätten die Einheit sonst nicht verloren, oder hätten sie bald wieder gewonnen. Wenn wir in die Zeit der Deutschen Größe, die erste Kaiserzeit, zurückblicken, so finden wir, daß kein anderes Land in Europa in dem

Maße die Wahrscheinlichkeit für sich hatte, eine mächtige nationale Einheit sich zu erhalten, wie gerade Deutschland. Blicken Sie im Mittelalter von dem Russischen Reiche der Rurikschen Fürsten bis zu den Westgothischen und Arabischen Gebieten in Spanien, so werden Sie finden, daß Deutschland vor Allen die größte Aussicht hatte, ein einiges Reich zu bleiben. Was ist der Grund, der uns die Einheit verlieren ließ, und uns bis jetzt verhindert hat, sie wieder zu gewinnen? Wenn ich es mit einem kurzen Worte sagen soll, so ist es, wie mir scheint, ein gewisser Ueberschuß an dem Gefühle männlicher Selbstständigkeit, welche in Deutschland den Einzelnen, die Gemeinde, den Stamm veranlaßt, sich mehr auf die eigenen Kräfte zu verlassen, als auf die der Gesammtheit. Es ist der Mangel jener Gefügigkeit des Einzelnen und des Stammes zu Gunsten des Gemeinwesens, jener Gefügigkeit, welche unsere Nachbarvölker in den Stand gesetzt hat, die Wohlthaten, die wir erstreben, sich schon früher zu sichern. — Die Regierungen, m. H., haben Ihnen, glaube ich, im jetzigen Falle ein gutes Beispiel gegeben. Es war keine unter ihnen, die nicht erhebliche Bedenken, mehr oder weniger berechtigte Wünsche dem bisher erreichten Ziele hat opfern müssen. Liefern auch wir den Beweis, m. H., daß Deutschland in einer 600jährigen Leidensgeschichte Erfahrungen gemacht hat, die es beherzigt; daß wir — und Alle, die wir hier sind, wir haben es selbst erlebt, — die Lehren zu Herzen genommen haben, die wir aus den verfehlten Versuchen von Frankfurt und Erfurt ziehen mußten. Das Mißlingen des damaligen Werkes hat in Deutschland einen Zustand der Unsicherheit, der Unzufriedenheit herbeigeführt, der 16 Jahre lang gedauert hat, und der schließlich durch eine Katastrophe wie die des vorigen Jahres, nach irgend einer Seite hin, wie es Gott gefiel, seinen Abschluß finden mußte. Das Deutsche Volk, m. H., hat ein Recht, von uns zu erwarten, daß wir der Wiederkehr einer solchen Katastrophe vorbeugen, und ich bin überzeugt, daß Sie mit den verbündeten Regierungen nichts mehr am Herzen liegen haben, als diese gerechten Erwartungen des Deutschen Volkes zu erfüllen.

Rede bei der Generaldiscussion über den Verfassungsentwurf

in der 11. Sitzung des Reichstags.

(Die Generaldiscussion über den Verfassungsentwurf hatte am 9. März begonnen. An diesem Tage sprachen die Abgeordneten Twesten, welcher sich zwar für den Verfassungsentwurf hatte einschreiben lassen, denselben aber für so unzulänglich erklärte, namentlich wegen des ungenügenden Budgetrechts, daß er im Falle diese Mängel nicht beseitigt würden, mit der Verwerfung durch das Preußische Abgeordnetenhaus drohte, Waldeck, welcher den Entwurf vom Standpunkte der Demokratie betrachtete, Miquel (von Osnabrück), welcher vom praktischen Standpunkte den Entwurf den Verhältnissen entsprechend und im Vergleich mit den früheren Verhältnissen als einen großen Fortschritt enthaltend darstellte, der Abgeordnete Dr. Michelis (Kempen), welcher von der Preußischen Verfassung nichts aufgeben zu können erklärte, weil er sie beschworen habe, Dr. Gerber, welcher den Entwurf als das Product der großen Ereignisse des vorigen Jahres betrachtete, und es für patriotische Pflicht erklärte, sich den Thatsachen zu unterwerfen, Dr. Rée (aus Hamburg), welcher erklärte, er spreche als Republikaner, und nur mehr freiheitliche Institutionen der Bundesverfassung verlangt, um Begeisterung für Preußen auch bei den Nichtpreußen hervorzurufen; Wagener (Neustettin), welcher die Hoffnung ausspricht, daß die kleinen Deutschen Fürsten je länger desto mehr das Geheimniß erkennen würdeine weshalb ein Lord Palmerston und ein Lord Derby in Europa und auf der ganzen Erdmehr bedeuten, als die kleine deutsche Fürsten, Rohben, welcher dem Entwurf ein entschiedenes Nein entgegen setzen will, wo die Völker und ihre Verfassungen mediatisirt würden, Am zweiten Tage (11. März) sprach zuerst der Abgeordnete Köster für den Entwurf, dann der Abgeordnete Lasker, welcher dieselben Bedenken hatte gegen den Entwurf wie Twesten, Dr. Braun (Wiesbaden), welcher unter dem Beifall des Hauses ausführte, daß Sonderinteressen sich den allgemeinen Interessen unterordnen müßten, und daß das Werk auf der Basis der gegebenen Verhältnisse auszuführen sei, damit wir uns nicht wieder vom Auslande den

Vorwurf müßten machen lassen, ein Volk von bloßen Denkern und Dichtern zu sein, dann der Abgeordnete **Groote**, welcher nur ein demokratisches Deutschland für annehmbar erklärt, und von der Kühnheit des **Grafen Bismarck**, welcher schon mit den Fürsten fertig werden würde, die Beseitigung des particularistischen Widerstandes fordert. Nach demselben folgte der **Graf Bismarck**.)

Wenn ich in diesem Stadium der Discussion das Wort ergreife, so ist es nicht meine Absicht, Sie nach dem Wunsche des Herrn Vorredners durch staatsmännische Kühnheit vor dieser gefährlichen Eigenschaft zu warnen. Es ist auch nicht meine Absicht, und kann sie nicht sein, Ihnen die fehlenden Motive für den Gesammtinhalt der Regierungs=Vorlage zu entwickeln; — aus demselben Grunde nicht, — aus dem wir überhaupt keine Motive vorgelegt haben. Die Arbeit, m. H., ist zu umfassend; es wäre ein „Werk" darüber zu schreiben gewesen, wenn die Arbeit sich einigermaßen auf der Höhe der Aufgabe, mit der wir beschäftigt sind, halten sollte. Hätten wir Motive der Versammlung der Bundes=Commissarien vorgelegt, so würden wir, ich weiß nicht wie viel Zeit über deren Discussion verloren haben; schwerlich nur so viel Zeit, wie dazu gehört, sie auszuarbeiten. Es ist nicht etwa eine Mißachtung des Eindrucks, den unsere Vorlage macht, daß wir uns enthalten haben, die Motive vorzulegen. Wir hatten buchstäblich nicht die Zeit dazu. Eine Arbeitszeit von vier Wochen für einen Rath, welcher mit der Anfertigung der Motive beauftragt gewesen wäre, wäre kaum zu kurz bemessen. Wenn wir uns dann auch unter den verbündeten Regierungen verständigt hätten über den Text, so glaube ich doch nicht, daß wir heute schon hier vereint gewesen wären, wenn wir Ihnen hätten Motive vorlegen sollen. Wir wären auch in die Gefahr gekommen, in diesen Motiven Dinge zu vertreten, die vielleicht gar nicht bestritten werden. Die Motive werden sich aus der allgemeinen und späteren Specialdiscussion ergeben von Seiten derjenigen, die den Verfassungs=Entwurf unterstützen, oder durch die Erklärungen der Regierungen, die gefordert werden und die sich an die auftauchenden Zweifel knüpfen werden. Ich mache auf die zwei hervorragenden Reden des Hrn. Abgeordneten für Wiesbaden und des Hrn. Abgeordneten für Osnabrück aufmerksam, die bereits erheblich an Motiven zu diesem Verfassungs=Entwurf beigetragen haben. Meine Absicht ist eben so wenig, der Specialdiscussion vorzugreifen, sondern nur wenige allgemeine Gesichtspunkte zu entwickeln, die uns bei der Aufstellung dieser Verfassung geleitet haben. Es hat nicht unsere Absicht sein können, ein theoretisches Ideal einer Bundesverfassung herzustellen, in welcher die Einheit Deutschlands einerseits auf ewig verbürgt werde, auf der andern Seite jeder particularistischen Regung die freie Bewegung gesichert bleibe. Einen solchen Stein der Weisen, wenn er zu finden ist, zu entdecken, müssen wir der Zukunft überlassen, einer solchen Quadratur des Cirkels um einige Decimalstellen näher zu rücken, ist nicht die Aufgabe der Gegenwart. Wir haben uns zur Aufgabe gestellt, in Erinnerung und in richtiger Schätzung, glaube ich, derjenigen Widerstandskräfte, an welchen die früheren Versuche in Frankfurt und Erfurt gescheitert sind, diese Widerstandskräfte so wenig als es irgend mit dem Zweck verträglich war, herauszufordern. Wir haben es für unsere Aufgabe gehalten, ein Minimum derjenigen Concessionen zu finden, welche die Sonderexistenzen auf Deutschem Gebiete der Allgemeinheit machen müssen, wenn diese Allgemeinheit lebensfähig werden soll; wir mögen das Elaborat, was dadurch zu Stande gekommen ist, mit dem Namen einer Verfassung belegen oder nicht; das thut zur Sache nichts. Wir glauben aber, daß, wenn es hier angenommen wird, für das Deutsche Volk die Bahn frei gemacht worden ist, und daß wir das Vertrauen zum Genius unseres eigenen Volkes haben können, daß es auf dieser Bahn den Weg zu finden wissen wird, der zu seinen Zielen führt. Wenn zu diesem Zweck, nach unserer Ansicht wenigstens, das Gegebene hinreicht, so begreife ich vollständig, daß viele Wünsche unbefriedigt bleiben, daß man daneben noch eine Vorlage anderer Dinge gewünscht und gleich gewünscht hätte. Ich begreife aber nicht, wie man, weil diese Wünsche bisher unerfüllt geblieben sind, das Gebotene ablehnen will und dabei doch behaupten, man wolle überhaupt eine Verfassung, die Deutschland zur Einheit führen könne. Es sind Einwendungen bisher laut geworden und Wünsche geltend gemacht von zwei Seiten; ich möchte sagen, von der unitarischen und particularistischen Seite; von der unitarischen dahingehend, daß man auch von diesem Verfassungsentwurf, wie von dem früheren die Herstellung eines constitutionellen verantwortlichen Ministeriums erwartet hat. Wer sollte dieses Ministerium ernennen? Einem Consortium von 22 Regierungen ist diese Aufgabe nicht zuzumuthen; es würde sie nicht erfüllen können. Ausschließen können Sie aber 21 von 22 Regierungen von der Theilnahme an der Herstellung der Executive eben so wenig. Es wäre der Anforderung nur dadurch zu genügen gewesen, daß eine einheitliche Spitze mit monarchischem Charakter geschaffen wäre. Dann aber, m. H., haben Sie keine Bundes-Verhältnisse mehr, dann haben Sie die Mediatisirungen Derer, denen diese monarchische Gewalt nicht übertragen wird. Diese Mediatisirung ist von unseren Bundesgenossen weder bewilligt, noch von uns erstrebt worden. Es ist hier angedeutet worden, man könne sie mit Gewalt erzwingen, von anderen: sie werden sich zum Theil selbst ergeben, und Letzteres von einer mir nahestehenden Seite[1]). Wir erwarten dieses nicht in dem Maße und glauben nicht, daß Deutsche Fürsten in größerer Anzahl bereit sein werden, ihre jetzige Stellung mit der eines Englischen Pairs zu vertauschen. Wir haben ihnen diese Zumuthung niemals gemacht, und beabsichtigen nicht, sie ihnen zu machen; noch weniger aber kann ich als unsere Aufgabe betrachten etwa im Sinne des Herrn Vorredners, auf die Gewalt, auf die Uebermacht Preußens in diesem Bunde sich zu berufen, um eine Concession zu erzwingen, die nicht freiwillig entgegengetragen wird. Eine solche Gewalt konnten wir am allerwenigsten gegen Bundesgenossen anwenden, die im Augenblicke der Gefahr treu zu uns gestanden haben, eben so wenig gegen die, mit denen wir soeben einen völkerrechtlichen Frieden, auf ewig, wie wir hoffen, — wie man das Wort auf dieser Erde zu gebrauchen pflegt, — besiegelt haben. Die Basis dieses Verhältnisses soll nicht die Gewalt sein, weder den Fürsten, noch dem Volke gegenüber. Die Basis soll das Vertrauen zu der Vertragstreue Preußens sein und dieses Vertrauen darf nicht erschüttert werden, so lange man uns die Vertragstreue hält. Es ist angespielt worden von einem Vorredner[2]) auf die Erklärungen, die im Sinne einer einheitlicheren Reichsgewalt von einigen der Bundesregierungen in den Schlußprotokollen niedergelegt seien. Ich kann nur bedauern, daß diese Erklärungen erst in dem Schlußprotokolle zu Tage getreten sind; wären sie in der Discussion gemacht, bevor das Schlußprotokoll redigirt wurde, so hätte man wenigstens darüber urtheilen können, welche Aufnahme solche Ansichten bei der Mehrzahl der Regierungen gefunden haben würden. Da sie erst nach dem Schlusse der Verhandlungen zu Tage traten, so kann ich sie nur auffassen als ein todtes Glaubensbekenntniß ohne Werke. Schwerer, als die Einwendungen vom unitarischen Standpunkte, und ernstlicher gemeint, sind meines Erachtens diejenigen vom particularistischen. Unter Particularismus denkt man sich sonst eine widerstrebende Dynastie, eine widerstrebende Kaste in irgend einem Staate, die sich der Herstellung gemeinsamer Einrichtungen aus Sonderinteressen entgegenstellt. Wir haben es heute mit einer neuen Species von Particularismus zu thun, mit dem parlamentarischen Particularismus. Früher hieß es vom dynastischen Standpunkte aus: „hie Waiblingen, hie Welf", jetzt heißt es: „hie Landtag, hie Reichstag!" Das Recht, das der Preußische Landtag hat, zu unseren Vereinbarungen hier Nein zu sagen, es ist schon vorhin von anderer Seite hervorgehoben und ich glaube, es wird das Niemand bestreiten, und sich dem gegenüber auf die Macht berufen; dieses Recht hat ein jeder Landtag, so klein oder groß er sein mag: denn wir wollen nicht in einer gewaltthätigen, sondern in einer rechtlichen Gemeinschaft leben. Bis jetzt aber sind die Widersprüche der übrigen Landtage auf dieser Tribüne nicht in einer gleichen Weise angemeldet worden, wie die des Preußischen Landtages, und zwar

---

[1]) Abgeordneter Wagener (Neustettin).
[2]) Abgeordneter Waldeck.

von Seiten, von denen es mich überrascht hat. Der Vertreter einer Norddeutschen Republik[3]) begeistert sich plötzlich für die monarchische Verfassung Preußens; ein katholischer Geistlicher[4]) stellt diese selbe Verfassung mit dem Heile seiner Seele an dem Leitfaden eines Bibelspruches auf dieselbe Höhe, und sprach zu uns, in Ton und Worten die tiefste Erschütterung darüber verrathend, daß an dieser Verfassung auch nur ein Artikel geändert werden könnte — auf gesetzmäßigem Wege, wohlverstanden. Ich zweifle keinen Augenblick an der aufrichtigen Ueberzeugung, mit der diese Worte gesprochen wurden; aber überrascht hat es mich, daß er die Wirkung davon abschwächte durch einen scherzhaften Seitenhieb auf meine Person: „ich würde mir auch zu helfen wissen, wenn hier nichts zu Stande käme." M. H., ob ich mir in diesem Falle zu helfen wüßte, das will ich hier unerörtert lassen; ich würde mir aber nicht helfen. Ich habe meinem Könige und Lande niemals den Dienst versagt; in einem solchen Falle aber würde ich ihn versagen und würde denjenigen, die das Chaos herbeigeführt haben, auch überlassen, den Weg aus dem Labyrinthe wieder heraus zu finden. Wenn von anderer Seite[5]), von Abgeordneten, mit denen ich mir mancher gemeinschaftlichen Ansicht bewußt bin, von Mitgliedern des Preußischen Abgeordnetenhauses, — von solcher Seite, von der ich glaube, daß sie wirklich das Zustandekommen der Sache will, dennoch hier der Satz aufgestellt worden ist, daß die Preußische Verfassung über der Reichsverfassung einstweilen stehe, daß dasjenige, was hier vereinbart wird zwischen der Gesammtheit der Landesregierungen, nachdem mit Mühe eine Vereinigung unter diesen erzielt worden, und zwischen den freigewählten Vertretern von 30 Millionen Deutschen, schon jetzt vor die Assisen des Preußischen Landtages citirt wurde — m. H., da hat mich ein wehmüthiges Gefühl beschlichen, daß diejenigen, die uns neu hinzugetreten sind, so rasch die Illusion verlieren, die sie etwa gehabt haben könnten, daß der Mensch wirklich mit seinen größeren Zwecken wächst, und daß der weitere Gesichtskreis, den der größere Staat haben soll, sich auch allen seinen Mitgliedern mittheilt. Die Herren, die so kurzweg hier das Wort aussprechen, daß der Preußische Landtag das Product unserer Arbeiten in den und den Fällen verwerfen oder genehmigen werde — ihre Legitimation dazu ist schon vorgestern angezweifelt worden. Aber ich möchte Sie fragen: was würden Sie sagen, wenn heut zu Tage eine der verbündeten Regierungen schon von Hause aus erklärte: wenn dies und das nicht in der Verfassung steht, so nehme ich sie unter allen Umständen nicht an! wenn ein Stand oder eine Kaste diese selbe Erklärung abgäbe, wenn ein Mitglied der Mecklenburgischen Ritterschaft aufträte und sagte: wenn unsere Rechte nicht geschont werden — und sie wiegen auf der Waagschale der Gerechtigkeit gerade ebenso schwer, wie die des Preußischen Landtags — so spielen wir nicht mit! Ich erinnere Sie daran, m. H., als die Versuche von Frankfurt und von Erfurt mißlangen — der von Erfurt nicht so sehr, wie hier gemeint wurde, durch das Widerstreben der betheiligten Regierungen, wenn ich auch nicht behaupten kann, daß unsere Preußische Regierung damals mit der wünschenswerthen Energie ihre Aufgabe vertreten hätte; er scheiterte meines Erachtens daran, daß Hannover und Sachsen einfach auf die Oesterreichische Armee, die hinter Olmütz stand, mehr Vertrauen hatte als auf den Drei-Königsbund (das war wohl das Durchschlagende, wenn es auch eine Menge anderer Ursachen gegeben haben mag) — ich erinnere Sie daran, daß man für uns, die wir damals unter dem Namen der Preußischen Junkerpartei die Verantwortung für das Nichtzustandekommen vor der Oeffentlichkeit aufladen mußten, kein Wort finden konnte in der öffentlichen Presse, was stark genug war, um „diesen unwürdigen Mangel an Vaterlandsliebe" zu brandmarken, der dahin führte, „aus Standesinteressen lieber einen Junkerstaat von der Größe der Mark Brandenburg zu gründen" und was dergleichen von Ihnen bereits vergessene Zeitungsartikel waren, die auf uns Schmach und Vorwurf häuften, weil wir das Werk gehindert hätten, das wir zu Stande

---

3) Abgeordneter Dr. Rée von Hamburg.
4) Abgeordneter Dr. Michelis (Kempen).
5) Abgeordneter Twesten, Lasker.

zu bringen in der Lage nicht waren. Ich habe, als hier vorgestern dasselbe Recht für den Preußischen Landtag in Anspruch genommen wurde, in der ganzen Versammlung keinen Ausruf des Erstaunens gehört, außer den, den ich in meinem Innern unterdrückte. Ich glaube, m. H., diejenigen, die dieses Wort aussprachen, unterschätzen denn doch den Ernst der Situation, in der wir uns befinden. Glauben Sie wirklich, daß die großartige Bewegung, die im vorigen Jahre die Völker vom Belt bis an die Meere Siciliens, vom Rhein bis an den Pruth und den Dnjester zum Kampf führte, zu dem eisernen Würfelspiele, in dem um Königs- und Kaiserthrone gespielt wurde; daß die Million deutscher Krieger, die gegen einander gekämpft und geblutet haben auf den Schlachtfeldern vom Rhein bis zu den Karpathen; daß die Tausende und aber Tausende von Gebliebenen und der Seuche Erlegenen, die durch ihren Tod diese nationale Entscheidung besiegelt haben, mit einer Landtagsresolution ad acta geschrieben werden können, — m. H., dann stehen Sie wirklich nicht auf der Höhe der Situation. Es liegt mir fern, irgend eine Drohung auszusprechen, ich achte die Rechte unseres Landtags, ebenso wie ich sie von Hause aus gern geachtet hätte, wenn es mit dem Bestande des Preußischen Staates nach meiner Ueberzeugung verträglich gewesen wäre; aber ich habe die sichere Ueberzeugung, kein Deutscher Landtag wird einen solchen Beschluß fassen, wenn wir uns hier einigen. Ich möchte die Herren, die sich diese Möglichkeiten denken, wohl sehen, wie sie etwa einem Invaliden von Königgrätz antworten würden, wenn der nach dem Ergebniß dieser gewaltigen Anstrengung fragt. Sie würden ihm etwa sagen: Ja freilich, mit der Deutschen Einheit ist es wiederum nichts geworden, die wird sich wohl bei Gelegenheit finden, sie ist ja leicht zu haben, eine Verständigung ist ja alle Tage wieder möglich; aber wir haben das Budgetrecht des Abgeordnetenhauses, des Preußischen Landtages gerettet, das Recht, jedes Jahr die Existenz der Preußischen Armee in Frage zu stellen, ein Recht, von dem wir als gute Patrioten niemals Gebrauch machen würden, und sollte jene Versammlung weit auf Abwege gerathen, die es wirklich wollte, so würden wir den Minister als Landesverräther zur Verantwortung ziehen, welcher sich zur Ausführung hergiebt. Aber es ist doch unser Recht; darum haben wir um die Mauer von Preßburg mit dem Kaiser von Oesterreich gerungen und damit soll der Invalide sich trösten über den Verlust seiner Glieder, damit die Wittwe, die ihren Mann begraben hat? M. H., es ist wirklich eine vollständig unmögliche Situation, die Sie sich da machen; ich wende mich gern von diesen phantastischen Unmöglichkeiten in das reale Gebiet zurück zu einigen Einwendungen, die hier gegen den Inhalt der Verfassungen gemacht worden sind. Es ist, ich weiß nicht, ob in der Thronrede der Ausdruck stehen geblieben ist, schon gesagt, daß wir das Werk der Verbesserung fähig halten. Ich darf wenigstens hier bezeugen, daß wir für keinen Vorschlag, der wirklich mit der Erleichterung des Zustandekommens und der Verbesserung des Werkes ernstlich gemeint ist, unempfänglich sind. Sie müssen doch die Regierung nicht in Verdacht haben und keine der zweiundzwanzig Bundesregierungen, daß sie sich von der historischen constitutionellen Entwickelung Deutschlands lossagen wolle, daß sie nun dieses Parlament etwa benutzen wolle, um den Parlamentarismus im Kampf der Parlamente gegen einander aufzutreiben. Was hätten wir denn davon? Ist denn eine Regierung auf die Dauer denkbar, namentlich eine solche, die sich zur Aufgabe gestellt hat, eine Einheit in Feuer oder gar in kaltem Metall, wenn das Feuer erkaltet sein wird, zu schmieden, eine Einigung, die nicht überall in Europa mit Wohlwollen gesehen wird, daß diese Regierung es sich gewissermaßen zur systematischen Aufgabe stellt, die Rechte der Bevölkerung auf die Theilnahme an ihren eigenen Geschäften zu unterdrücken, abzuschaffen, auf ein wildes Reactionswesen sich einzulassen, sich in Kämpfen mit der eigenen Bevölkerung aufzuhalten, — m. H., das können Sie von einer Dynastie, wie sie über Preußen regiert, das können Sie von keiner der Dynastieen, die augenblicklich in Deutschland regieren, erwarten, daß sie an ein nationales Werk mit dieser Heuchelei — ich kann es nicht anders nennen — herangeht. Wir wollen den Grad von Freiheitsentwickelung, dort mit der Sicherheit des Ganzen nur irgend verträglich ist.

Es kann sich nur handeln um die Grenze: wie viel; was ist mit dieser Sicherheit auf die Dauer verträglich? was ist jetzt mit ihr verträglich? ist ein Uebergangsstadium nöthig? wie lange muß dies dauern? Es kann nicht in unserer Absicht liegen, das Militär-Budget auch für den Zeitraum, wo es von Ihnen selbst als eisern behandelt werden sollte, und ein solcher Zeitraum ist meines Erachtens unentbehrlich, Ihrer Kenntniß zu entziehen. Es ist hier gesagt worden, als wenn das Militär-Budget mit einer gewissen Heimlichkeit nachher behandelt werden sollte. Soweit ich mir überhaupt diesen Gedanken schon klar gemacht habe, so schwebt er mir in der Art vor, daß wir jedenfalls ein Budget vorlegen würden, welches die Gesammt-Ausgaben des Bundes umfaßt, die militärischen nicht ausgeschlossen; nur würden wir das auf der Basis des mit der Vertretung für eine gewisse Dauer von Jahren abzuschließenden Vertrages thun, so daß man uns an dem Militär-Budget für diese Zeit keine Streichung machen kann, wenigstens keine solche, die nicht mit dem Bundes-Feldherrn vereinbart wäre. Es ist ja möglich, daß der Bundes-Feldherr sich überzeugt, dies oder jenes kann ich entbehren, daß er selbst sagt, das will ich. Aber es muß einen Zeitraum geben, in welchem die Existenz des Bundesheeres nicht von zufälligen Schwankungen der Majorität abhängt. Ich will gern zugeben, daß es sehr unwahrscheinlich ist, daß sich in diesem Reichstage eine Majorität finden würde, die nicht dasjenige bewilligen würde, was Ihrer Meinung nach zur Vertheidigung des Landes hinreichend ist. Ich fürchte in dieser Beziehung nicht gerade von Partikularisten auf die Weise, auf die hier hingewiesen wurde, ich fürchte vielmehr von der Vermischung der Frage über die Grenze zwischen parlamentarischer und fürstlicher Gewalt mit der Frage von der Vertheidigungsfähigkeit Deutschlands dem Auslande gegenüber; ich halte es nicht für gut, daß man das Bedürfniß hat, den parlamentarischen Einfluß, dem man erstrebt und den wir ja gerne den Parlamenten gönnen, vorzugsweise an der Armee zu üben, während mannigfache andere Felder immer überbleiben, um ihn zu üben. Ich glaube, m. H., es ist ein fast wirksameres Mittel, sich den Einfluß auf die Regierungen zu sichern, den mehrere vorgestrige Redner vermißten, wenn Sie beispielsweise die Zollerträge in der Richtung Ihrer Gesetzgebung unterzögen, welche dem Reiche Hülfsquellen abschnitten; wenn Sie beispielsweise diejenigen Beamten abstrichen, die auf dem Reichsbudget für Zollerhebung stehen; wenn Sie Ihre Thätigkeit dahin richten wollten, um ein Ihnen unannehmbares System der Regierung zu beseitigen, das Eisenbahn- und Telegraphenwesen lahm zu legen. Ich glaube, m. H., das wäre vielleicht wirksamer, als wenn Sie sich die Beschließung über Zusammensetzung und Ausdehnung der Armee vorbehalten; denn bann richtet sich der Beschluß auf die Fundamente der Sicherheit und der staatlichen Existenz, namentlich in einem Bundesstaate; da ist die Regierung in derselben Unmöglichkeit nachzugeben, in der die Preußische Regierung sich seit mehreren Jahren zu befinden glaubte. Wenn diese Einrichtung, die Bundes-Armee — vorläufig diejenige Basis, welche am vollständigsten ausgebildet ist, diejenige Basis, die wir am unentbehrlichsten brauchen — durch ein jährliches Votum in Frage gestellt werden sollte, m. H., es würde mir das — (verzeihen Sie mir, wenn ich ein Gleichniß brauche aus einem Beruf, in dem ich mich früher befand) — den Eindruck eines Deichverbandes machen, in welchem jedes Jahr nach Kopfzahl, auch der Besitzlosen, darüber abgestimmt wird, ob die Deiche bei Hochwasser durchstochen werden sollen oder nicht. Aus solchem Deichverbande würde ich einfach ausscheiden, da wäre mir das Wohnen zu unsicher, und ich würde mich der Gefahr nicht hingeben, daß einmal diejenigen, welche die Wirthschaft mit freier Weide wünschen, über diejenigen, die mit bestellten und wasserfreien Aeckern die Oberhand gewännen und alle durch eine Wasserfluth zu Grunde gingen. Jedenfalls, wenn uns ja es mir sonst anzubeuten erlaubte, brauchen wir in dieser Beziehung ein unantastbares Uebergangsstadium, bis wir organisch zu Fleisch und Blut mit einander verwachsen sind und dieser Gedanke wird auch, wie ich glaube, von einem großen Theil der strengen Constitutionellen, die aber das Zustandekommen der Sache wollen, nicht angefochten. Im Uebrigen bemerke ich in Bezug auf einige Einzelnheiten, die monirt worden sind, um zu verhindern, daß die Discussion sich öfter auf dieses Gebiet begiebt, als nöthig ist, beispielsweise unsere Beziehungen zu Süddeutschland. Der Herr Abg. Waldeck hat vorgestern sich lediglich von der Herstellung eines constitutionellen einheitlichen Ministeriums die Wirkung versprochen, „dann hätten wir die Süddeutschen", wie er sich ausdrückte. Ich glaube, wir können sie nicht sicherer zurückschrecken, als wenn wir in eine solche Richtung treten, die, wie ich vorhin andeutete, mit der Mediatisirung der Deutschen Fürsten große Aehnlichkeit hätte. Wer sind diese Süddeutschen? Einstweilen ist es die Baierische, die Würtembergische, die Badische Regierung. Glauben Sie, daß Se. Maj. der König von Baiern, oder von Württemberg, sich durch solche Einrichtungen, wie sie der Abg. Waldeck, in Vorschlag brachte, besonders angezogen fühlt? Meine Herren! Ich weiß das Gegentheil. Unser Verhältniß zu Süddeutschland wird sich an der Hand des Artikels, der sich im Verfassungs-Entwurfe darüber befindet, meines Erachtens einfach und mit Sicherheit entwickeln. Wir haben zunächst mit Süddeutschland die Gemeinschaft des Zollvereins, eine Gemeinschaft, die in diesem Augenblicke allerdings bis zu einem gewissen Grade in der Luft schwebt, weil die Friedensverträge eine sechsmonatliche Kündigung vorbehalten, bis wir uns über das Verhältniß von Nord- und Süddeutschland in dieser Beziehung geeinigt haben werden; um eine Einigung möglich zu machen, war dieses Kündigungsrecht nothwendig. Ich denke also, sobald wir mit der Norddeutschen Verfassung fertig sind, daß wir zunächst den Süddeutschen Regierungen Eröffnungen machen, damit sie mit uns zusammentreten, um den Weg zu berathen, auf dem wir zu einem dauernden organischen, nicht alle zwölf Jahre kündbaren Zollvereine gelangen. Wir haben für den Norddeutschen Bund diese Wohlthat gesichert durch Artikel über Zollgesetzgebung; wir können aber weder verlangen, daß die drei oder vier Süddeutschen Staaten alles dasjenige, was wir hier durch die Gesetzgebung, an der sie selbst nicht Theil nehmen, beschließen, ohne Weiteres annehmen sollen; noch können wir ihnen gegen das, was der norddeutsche Reichstag beschließt, ein Veto einräumen; ein Veto, das man von drei oder vier Regierungen ausüben und mit ihren Ständen theilen würde. Soll der Zollverein in bisherigem Umfange fortbestehen, so ist es ganz unvermeidlich, daß organische Einrichtungen geschaffen werden, vermöge deren Süddeutschland an der Gesetzgebung über Zollsachen Theil nimmt. Ich enthalte mich, das Nähere anzudeuten, ich glaube aber, es ergiebt sich von selbst, wie die Einrichtungen beschaffen sein müssen. Es ist schwer zu glauben, daß eine solche gemeinschaftliche organische Gesetzgebung für Zollsachen — und ich möchte doch dies nicht so unterschätzen und blos mit dem geringschätzigen Namen „Zollparlament" belegen; was haben wir nicht für Kämpfe gekämpft, nur wer in den Geschäften gestanden hat, kann das beurtheilen, — wie erschienen uns nicht in den Jahren 1862 und 1864 gerade die Zoll-Interessen als die höchsten politischen Lebens-Interessen! ich möchte das nicht unterschätzen, daß eine wirthschaftliche Gemeinschaft für Gesammtdeutschland geschaffen werden kann — also ist es schwer zu glauben, daß solche gemeinsame Organe der Gesetzgebung, wenn sie einmal geschaffen, sich der Aufgabe entziehen könnten, auch die meisten der übrigen Titel der materiellen Wohlfahrt, so wie mancher formalen Gesetzgebung, über Proceßwesen u. s. w. allmählich sich anzueignen, und auch darüber gemeinsame Bestimmungen für ganz Deutschland herbeizuführen. Was ferner die Machtfrage betrifft, so halte ich die Vereinigung von Nord- und Süddeutschland jedem Angriffe gegenüber in allen Fragen, wo es sich um die Sicherheit des Deutschen Bodens handelt, für definitiv gesichert. Im Süden kann kein Zweifel darüber sein, daß, wenn er in seiner Integrität gefährdet werden sollte, Norddeutschland ihm unbedingt brüderlich beisteht, im Norden ist kein Zweifel darüber, daß wir des Beistandes Süddeutschlands gegen jeden Angriff, der uns treffen könnte, vollständig sicher sind. Einige andere Themata, auch lediglich um Wiederholungen zu vermeiden, erlaube ich mir zu berühren, z. B. die Frage der Reichssteuer. Daß eine Contingentirung nach der Kopfzahl ein unvollkommener Modus, eine Aushülfe von vorübergehender Natur ist, gebe ich gern zu; das Beispiel von Bremen — ich will nicht gerade den Herrn Vertreter von Bremen vorzugsweise aufs Korn nehmen

— und von Hamburg mit seinen reichen Einwohnern im Vergleich zu dem Thüringerwald-Bewohner, ist vollständig zutreffend. Die Verhandlungen der Vertreter der Regierungen unter einander haben auch gezeigt, daß dieses Bedürfniß der Einführung von Reichssteuern ziemlich allgemein empfunden wird und man hat sich schon mit den Gegenständen, welche sie betreffen könnten, beschäftigt. Ich glaube daher, daß, wenn es hier gelingt, die Schwierigkeiten zu überwinden, zu deren Ueberwindung wir bei den commissarischen Verhandlungen nicht Zeit hatten, namentlich eine solche Steuergesetzgebung sofort so weit auszuarbeiten, daß sie praktisch werden kann, daß bei den verbündeten Regierungen ein principieller Widerstreit dagegen wenigstens nicht obwalten wird. Ich betrachte das als Sache der Zukunft und als Sache der Gesetzgebung, sobald wir constituirt sind. Constituiren wir uns so rasch als möglich, dann haben wir die Fähigkeit, diese Frage zu erledigen, und ebenso die, von dem Vertreter für Wisbaden angeregte, wegen Freizügigkeit. Wenn er die bisherige Fassung des Artikels nicht vollstänig und erschöpfend genug findet, so ist darin doch Alles enthalten, worüber wir uns in diesem Augenblick verständigen könnten. Es stehen da zum Theil sehr erhebliche particulare Verfassungsrechte entgegen, die man nicht ohne Weiteres gewaltthätig durchbrechen kann. Ich mache darauf aufmerksam, daß Artikel 4 der Verfassung, Bestimmung 1, ausdrücklich die Frage der Freizügigkeit, Heimaths- und Niederlassungs-Verhältnisse und des Gewerbebetriebs u. f. w. der Gesetzgebung des Bundes zuweist. Der Herr Abgeordnete für Wisbaden wird also, wenn er, wie ich hoffe, eben so gut Mitglied des künftigen Parlaments sein wird, Gelegenheit haben, dort seine Anträge zu stellen. Ebenso verhält es sich mit der Aufgabe über das Civilrecht, die Hypotheken und diejenigen Gegenstände, die der Bundes-Gesetzgebung vorbehalten werden sollen, und es wird das voraussichtlich wenig Widerspruch bei den verbündeten Regierungen finden: keinen stärkeren, als benjenigen, der aus den augenblicklichen Rechtsverhältnissen, die man nicht mit rascher Hand zerschneiden kann, hervorgeht. Ebenso z. B. die Frage wegen Contrahirung einer Bundes-Anleihe, über die einer der Herren Vorredner eine Bestimmung im Verfassungs-Entwurf vermißt hat. Wir haben nicht geglaubt, daß sie vermißt werden würden, denn der Artikel 65 lautet: „Abgesehen von dem durch Artikel 58 bestimmten Aufwande für das Bundesheer und die zu demselben gehörigen Einrichtungen, so wie von dem Aufwande für die Marine (Art. 50) werden die gemeinschaftlichen Ausgaben im Wege der Bundesgesetzgebung, sofern sie nicht eine nur einmalige Aufwendung betreffen, für die Dauer der Legislatur-Periode festgestellt." Wenn eine Anleihe zu gemeinschaftlichen Ausgaben gemacht werden soll, so ist also auch diese Geldbeschaffung, auch diese Manipulation meiner Ansicht nach durch Art. 65 auf dem Wege der Bundesgesetzgebung, d. h. der Beschlußnahme und der Berathung des Reichstages und dem Bundesrathe unterworfen und kann auf diese Weise gesetzmäßig zu Stande gebracht werden. Wenn von anderer Seite vermißt wurde die Möglichkeit, eine Interpellation an die Regierung zu richten. M. H., bequem ist diese Einrichtung gerade nicht, aber ich glaube nicht, daß es bisher irgend Jemandem in den Sinn gekommen ist, daß, wenn heute eine Interpellation gestellt worden wäre, wir sie nicht beantwortet hätten. Ebenso, wenn die Versammlung Zeit hat, Petitionen, die etwa eingehen, zu bearbeiten, und sie auf den Gegenstand, mit dem wir uns beschäftigen, Bezug haben, — dann nur solche dürfen wir für den Augenblick annehmen, — so würde dem auch nichts entgegenstehen; Sie werden, m. H., die sämmtlichen Regierungen bereit finden, auch ohne daß wir durchgreifende und allgemeine Motive vorgelegt haben, über jeden einzelnen Punkt, bei dem Sie Motive vermissen, motivirende Erläuterungen zu geben; ich glaube aber, daß das wesentlich in die Specialdebatte hineingehört, denn Sie werden nicht zu allen Punkten, zu sehr vielen werden Sie nicht das Bedürfniß empfinden, überhaupt Motive zu besitzen, weil sie in sich selbst klar sind. Ich weiß nicht, ob ich während der General-Discussion noch weiter Veranlassung habe, das Wort zu nehmen oder einer meiner Herren Collegen. Für den Augenblick wüßte ich dem, was ich gesagt habe, nichts weiter hinzuzufügen, als die nochmalige Aufforderung: M. H., arbeiten wir rasch! Setzen wir Deutschland, so zu sagen, in den Sattel! Reiten wird es schon können.

Zweite Rede bei der Generaldiscussion des Verfassungsentwurfs
am 11. März.

(Nach dem Grafen **Bismarck** hatte zuerst der Abgeordnete v. **Gottberg** für den Verfassungsentwurf gesprochen und alsdann Freiherr v. **Münchhausen** gegen denselben. Dieser hatte an dem Entwurfe die mangelhafte Begränzung und Beschränkung der Befugnisse der Centralgewalt, in festerer Verantwortlichkeit der Meinungsorgane, namentlich aber die Mängel eines Organs zum Schutze der persönlichen Freiheit, der Rechte des Individuums, der berechtigten Eigenthümlichkeiten und der Bundesregierungen ausgesetzt, und nahm davon Gelegenheit den gegenwärtigen Zustand als gewaltsam und unerträglich zu schildern. Hierauf ist die Rede des Grafen **Bismarck** die Antwort.)

Ich hege die aufrichtigsten Sympathieen mit den Gefühlen, die einen treuen Anhänger einer gestürzten Dynastie beseelen können, mag diese Dynastie gefallen sein durch ihre eigene Schuld oder durch die Gewalt der Umstände. Ich kann es dem Herrn Vorredner auch nicht verargen, daß er das Bedürfniß empfunden hat, seinen Gefühlen Ausdruck zu geben; nur hätte ich gewünscht, daß er von diesem Ausdrucke Anklagen der Königlich Preußischen Regierung fern gehalten hätte, die sich entweder auf unrichtige Auffassung der Thatsachen, oder auf unrichtige Thatsachen überhaupt gründen, und daß er mich der undankbaren Aufgabe überhoben hätte, ihn in dieser Beziehung zu widerlegen. Ich weise zunächst den Vorwurf, als hätte die Königlich Preußische Regierung die Capitulation von Langensalza nicht gehalten, als eine unwürdige Verläumbung der Königlichen Regierung, mit Entrüstung zurück. Die Capitulation von Langensalza ist kein Staatsvertrag. Keiner der Unterhändler, die dabei thätig gewesen sind, so lange die Truppen bei Langensalza standen, ist es eingefallen, daraus etwas Anderes zu machen, als eine militärische Convention, um für die Dauer des Krieges weiteres Blutvergießen zwischen Truppen, die lange befreundet gewesen waren und manche glorreiche Erinnerung mit einander theilten, zu verhindern. In diesem Sinne ist Sr. Maj. dem Könige Georg die Sicherheit seines Privateigenthums zugesichert worden, natürlich desjenigen Privateigenthums, das sich ihm im Lager und bei ihm befand. Ueber das übrige Privateigenthum, welches bereits in unseren Händen oder sonst im Königreich Hannover war, und über andere dahin bezügliche Verhältnisse haben Staatsverträge zu bestimmen; bei Langensalza hat Niemand an einen Staatsvertrag gedacht, und es ist eine sophistische, eine advocatische Auslegung dieses Actenstücks, wenn man die Capitulation von Langensalza zu dem Vorwurf eines Vertragsbruches mißbraucht. Ich hätte das von dem Herrn Vorredner, der mich persönlich kennt, am wenigsten erwartet, da er seit Wochen hier ist und über alle Gravamina, die er hat, jeden Tag, da ihm meine Thür offen steht, hätte Auskunft und volle Befriedigung finden können. Daß Ihre Majestät die Königin Maria vorzieht, noch in diesem Augenblick in dem Preußischen Lande zu verweilen, ohne daß Ihr Herr Gemahl mit Sr. Maj. dem Könige von Preußen Frieden geschlossen hat, ist ein Beweis des Schutzes, welchen Fürsten und Fürstinnen auch dann, wenn sie unsere Feinde sind, jederzeit in Preußen finden, und des Vertrauens auf diesen Schutz, und ich bewundere, daß die Königin Maria das Vertrauen bis zu diesem Grade ausdehnte. Ich weiß aber, daß der Aufenthalt, daß die Anwesenheit nicht der Königin, aber des Hofes in Marienburg den Deckmantel von Intriguen bildet, die wir nicht auf die Dauer dulden können; ihre Fäden abzuschneiden, hat Se. Maj. der König befohlen. In Folge dieses Befehls ist der Major v. Trenck vor dem Augen S. Maj. der Königin Maria verhaftet worden. Wenn J. Majestät das nicht ansehen will, muß sie nicht in der Marienburg wohnen. Für uns stehen zu hohe Interessen auf dem Spiele, die Ruhe des Landes kann aus dergleichen Rücksichten nicht gefährdet werden, wenigstens sind wir fest entschlossen, nicht damit spielen zu lassen. Hr. v. Trenck war unseren Nachrichten nach Träger auch von anderen Papieren; er hat rechtzeitig aus den Hannoverschen Bureau Nachrichten darüber bekommen, daß auf ihn vigilirt würde; er hat in Folge dessen diese anderen Papiere entweder nicht mitgenommen, oder frühzeitig in Sicherheit gebracht; es fand sich bei ihm nur ein Brief des Königs Georg an die Königin Maria. Es stimmt mit der Intention Sr. Maj. des Königs nicht überein, daß dieser Brief erbrochen wurde. An die Königin Maria kann ihr hoher Gemahl schreiben, was er will, dadurch kann die Ruhe des Staates nicht compromittirt werden. Die Intention ist mißverstanden, daß dadurch der Auftrag überschritten worden, wie das häufig im Leben, namentlich in gespannten Verhältnissen, vorkommt. Er bezog sich vorzugsweise auf die Verbreitung solcher Proclamationen, die von Hietzing kommen und die im Stile des „Württemberger Beobachters" unter das Hannoversche Landvolk, sei es behufs der Wahlen, oder um andere Unruhen zu erregen, verbreitet werden. Se. Maj. der König hat befohlen, in einem Schreiben an einen Beamten des Königlichen Hofes in Marienburg Sein Bedauern über das Ueberschreiten Seiner Intention auszudrücken. Dergleichen kann überall vorkommen. Daß es nicht in unsern Gewohnheiten liegt, das zeigt am besten der fortgesetzte Aufenthalt der Königin Marie in Marienburg ungeachtet der fortgesetzten Weigerung ihres Herrn Gemahls, Frieden mit uns zu schließen. Der Herr Vorredner hat außerdem über das Regime, unter dem Hannover bisher verwaltet worden ist, Klage geführt. Ich begreife diese Klage. Hannover steht augenblicklich unter dem Regiment des Absolutismus, und dieses Regiment wird sein Ende finden am 1. October d. J.; dann wird es sich aller der verfassungsmäßigen Garantieen erfreuen, welche die übrigen Provinzen des Preußischen Staates bereits in diesem Augenblick schützen. Bis dahin aber wird sich der Herr Vorredner damit bescheiden müssen, daß die Provinz nach den persönlichen Ueberzeugungen Sr. Maj. des Königs über die Maßregeln, die zur Sicherstellung der Preußischen Herrschaft in dem Lande nothwendig sind, regiert wird. Wir werden den Widerstand nicht tragen, wir werden ihn brechen. Daß die Sache so gekommen ist, kann Niemand mehr wie ich bedauern. Ich habe schon vorhin angedeutet, daß Jahrhunderte lange Erinnerungen und Traditionen die Hannoversche Armee mit der Preußischen verknüpften, und die Hannoversche Politik mit der Preußischen. Es war die Gruppirung des siebenjährigen Kriegs eine vollkommen natürliche, die in unser aller Erinnerung lebt. Seit einigen Jahren hat sich Hannover von dieser natürlichen Verbindung losgerissen; ich habe seine Minister, — der Graf Platen wird mir das bezeugen — mit den Worten gewarnt: wenn Sie Preußens Ehrgeiz fürchten, können Sie ihn nicht wirksamer entwaffnen, als dadurch, daß Sie seine treuen Bundesgenossen sind. Einem Bundesgenossen nach dem siegreichsten Kriege ist kein Fürst des Hauses Hohenzollern im Stande, ein Haar zu krümmen. Wenn Sie sich aber mit unsern Feinden liiren, obschon Sie dieselben Interessen mit uns haben, wenn Sie zwischen Hamburg, Minden und Köln einen Staat schaffen, von dem wir befürchten müssen, daß er jede Verlegenheit Preußens nach außen benutzt, jede Front, die wir nach dem Süden machen, um uns, ich will nicht sagen, den Dolch, aber die Waffe in den Rücken zu rennen; ein solcher Staat kann nicht mit unserm Willen bestehen, seine Fortexistenz wäre unverträglich mit der Preußens, und derjenige Preußische Minister, der die erste Gelegenheit, die sich zur Beseitigung eines solchen Hannovers darbietet, versäumen würde, verräth sein Land, verräth Deutschland! Sie hätten uns diese Gelegenheit nicht geben, diese Verpflichtung nicht auferlegen müssen. Wir haben lange unterhandelt, vielleicht zu lange über ein Bündniß mit Hannover, wir haben noch bei Langensalza darüber unterhandelt. Woran scheiterten die Unterhandlungen mit Hannover? An der Abneigung Sr. Maj. des Königs Georg, Garantieen dafür zu geben, daß die Hannoversche Armee sich auf nur ein Jahr lang der Feindseligkeiten gegen uns enthalten möge. Wir haben das Bündniß angeboten von dem Augenblick an, wo wir die Möglichkeit eines Krieges voraussahen. Wir sind hingehalten worden mit Turgiversationen. Man hat uns in amtlich mitgetheilten Noten einen Neutralitätsvertrag versprochen, während dessen aber fortgefahren, heimlich zu waffnen: man ließ Munition und Waffen nach Stade schleppen, um dort eine feste Position zu nehmen, um dort mit dem Gablenz'schen

Corps, mit denjenigen Streitkräften, die das Haus Augustenburg in Holstein würde mobil machen können und deren Waffen wir dann in Hamburg gefunden haben, eine Diversion gegen uns im Rücken gemeinschaftlich mit Oesterreich zu machen. Dieser Gefahr kann sich Preußen nicht zum zweiten Mal aussetzen. Wir haben die Verhandlungen hinausgezogen in der Hoffnung, Hannover würde sich besinnen. Es hat uns widerstrebt, gegen diesen befreundeten und benachbarten Stamm, der mit uns denselben Dialect spricht, in dessen Adern unser Blut fließt, den Degen zu ziehen. Um dies zu vermeiden, haben wir rechtzeitig, — wenn ich nicht irre, war es am 9. oder 11. oder kurz darauf — in Hannover amtlich Folgendes kundgegeben: Stimmt Hannover für den Oesterreichischen Antrag, der am 14. Juni in Frankfurt votirt worden, so werden wir dies als eine Kriegserklärung betrachten und danach verfahren. Sie waren vollständig gewarnt, hatten aber Vertrauen auf 800,000 Mann Oesterreichischer Truppen — so war nämlich die Ziffer durch den Prinzen Solms angegeben, der seinem hohen Verwandten damit einen schlechten Dienst geleistet, als er schwankte zwischen Preußen und Oesterreich, ihn in das andere Lager hinüber zu ziehen. M. H., in solchen Angelegenheiten kann diese Art von gemüthlicher Auffassung, an die man sich in Deutschland in fünfzigjährigem Frieden gewöhnt hat, nicht Platz greifen. Es ist mir von mehreren Seiten nach dem Kriege, von Seiten Deutscher Staaten in einer Weise entgegengekommen, die etwa sagen wollte: „Nun, wir haben die Sache nicht so ernst gemeint, nun ist Alles wieder beim Alten; wir haben in Hannover nur mit scharfen Patronen Manöver gemacht; wir wollen uns auf die alten Stühle setzen, und ihr werdet nicht böse sein." Man hat sich über den Ernst der Sache getäuscht; ob in demjenigen Dünkel, mit dem Gott öfter die Fürsten schlägt, ob in derjenigen Unkenntniß der Diplomaten und Minister, in der Viele sich über die Realitäten dieses Lebens befinden, lasse ich dahingestellt. Man hat Krieg gewollt mit offenen Augen; man war entschlossen, Preußische Provinzen zu nehmen, wenn man gesiegt hätte; danach hat man kein Recht, sich nachher zu wundern, daß der Krieg die ernsten Folgen hatte, die er nun gehabt hat, und nun uns gegenüber einen Ton der Klage über diese Folgen anzuschlagen. M. H., wenn das Blut, wenn die Freiheit von Preußen aufs Spiel gestellt wird, wenn das ganze Königreich, wie es war, mit seiner glorreichen Krone als Einsatz stand, wenn die Kroaten unser Land mit ihren Plünderungen bedrohten, wenn die Fremdherrschaft, ich weiß nicht auf wie lange, uns bedrohte; wenn man uns in die Gefahr bringt eines Stichs in die Seite, soll man danach nicht auf den Standpunkt der Sentimentalität fallen und über schlechte Behandlung klagen? Glaubt man das zu können, so ist es eine Unkenntniß der Dinge, an der jeder Staat und jede Krone zu Grunde gehen muß, welche mit dieser Unkenntniß geschlagen ist. Der Herr Vorredner hat uns noch einen speciellen Vorwurf gemacht; er hat darüber geklagt, daß Leute ohne Urtheil und Recht und im Widerspruche mit der Gesetzgebung nach der Festung Minden abgeführt seien. M. H., im Hannoverschen Gebiete lag keine Festung, sonst hätte ich es für correcter gefunden, sie dahin abzuführen. Das ist aber meines Erachtens das Einzige, worüber von juristischen Standpunkte aus Beschwerde geführt werden kann in einem Lande, wo nach Kriegs- und Völkerrecht in diesem Augenblick die absolute Regierung besteht, die Regierung eines Eroberers, und zwar eines solchen, der mit Ihnen Freund und Landsmann sein will und sich als solchen führt, immerhin aber doch eines Eroberers; in einem solchen Lande und in solchem Augenblicke sich darüber zu beschweren, daß Jemand, der die Ruhe stört, eingesperrt und unschädlich gemacht wird, dann ist Ihnen der Unterschied zwischen einer absoluten und constitutionellen Verfassung, die dem Staatsbürger gegen den Mißbrauch der Gewalten Garantieen giebt, überhaupt unklar. Werden Sie es jetzt in Rußland für eine Gesetzes- und Rechtsverletzung halten, wenn Jemand präventiv eingesperrt wird? Ist es nicht bei uns toto die passirt, ehe wir die Verfassung hatten, ohne daß die scharfsinnigsten Juristen etwas dagegen vorzubringen wußten? Formales Unrecht geschieht dabei nicht. Ob aber durch moralisches Unrecht der Verschuldete getroffen wird, ist von hier aus und in solchen

Verhältnissen nicht immer zu unterscheiden, und ich wünschte Ihnen, daß der 1. October rascher herankomme, als es sonst seine Art ist. Dann werden Sie von allen diesen Unbilden befreit sein. Wir werden Ihnen gegenüber die Preußische Verfassung eben so strict in allen Garantieen der persönlichen Freiheit beobachten, wie in den alten Provinzen. Aber gerade, weil die Zeit so kurz ist, können wir in dieser kurzen Zeit nicht viel spaßen. Ich rathe auf das Dringendste Ihnen und Ihren Freunden ab, daß Sie uns nicht herausfordern! Sie werden einer Energie begegnen, der Sie nicht gewachsen sind.

Entgegnung auf die Rede des Abgeordneten von Mallinckrodt.
12. März.

(Am dritten Tage der Generaldiscussion sprachen die Abgeordneten Michaelis (Uckermünde), Schulze (Berlin), Zehmen (aus Sachsen), der Abgeordnete v. Mallinckrodt vom Standpunkte des Ultramontanismus, gegen dessen ungerechtfertigte Behauptungen ist die kurze Entgegnung gerichtet.)

Wenn ich die Behauptung des Herrn Vorredners, daß Preußen im vorigen Jahre den Krieg gesucht hätte, den es hätte vermeiden können, nicht anders als im Wege der einfachen Verwahrung zurückweise, so werden Sie, m. H., alle die Gründe ermessen, die mich abhalten, an dieser Stelle Wunden aufzureißen, die kaum vernarbt sind. Da ich einmal das Wort genommen habe, so will ich mich zweitens gegen das Zeitmaaß verwahren, welches der Herr Vorredner mir für die Ereignisse der Deutschen Geschichte beilegt. Wenn ich neulich von der 600jährigen Leidensgeschichte gesprochen habe, so ergiebt eine einfache genaue Rechnung, daß der Anfangspunkt dieses Zeitraums hinter Rudolph von Habsburg zurückreicht. Ich habe vom Sturz der Hohenstaufen an gerechnet und, wie ich glaube, richtig. Der Herr Vorredner hat eine kleine Seitenwendung zu Gunsten der Raubritter einfließen lassen. Woher kamen die Raubritter? — Von der Zerrüttung des Deutschen Reiches während des Interregnums! Woher kam die Zerrüttung während des Interregnums? Vom Abfall der Welfen und dem Siege der Ultramontanen!

Replik auf die Rede des Abgeordneten Duncker.
13. März.

(Am vierten Tage der Generaldiscussion sprach nach dem Abgeordneten Schaffrath und Bethusy-Huc der Abgeordnete Duncker (Berlin). Auf die Angriffe desselben ist das Folgende die Erwiderung.)

Ich freue mich, daß der Herr Vorredner mir Gelegenheit giebt, einen Irrthum zu berichtigen, den ich vorgestern an dieser Stelle begangen habe, indem ich sagte, daß die in dem Schlußprotokoll von Oldenburg niedergelegte Aeußerung in den früheren Conferenzen nicht zur Sprache gebracht worden wäre. Sie ist allerdigs in einer derjenigen Conferenzen, denen ich nicht beigewohnt habe, von dem Oldenburgischen Herrn Gesandten zur Sprache gebracht worden, indessen sofort mit einer so überwiegenden, an Einstimmigkeit grenzenden Majorität unserer Bundesgenossen abgewiesen worden, daß man niemals darauf zurückgekommen ist und der Sache nicht den Einfluß auf die weitere Discussion zugeschrieben hat, daß ich damals davon in Kenntniß gesetzt worden bin. Ich freue mich, dieses hier berichtigen zu können. — Der Herr Vorredner hat ferner von Erfurt und meiner Vergangenheit dort gesprochen. Ich spreche ungern von meiner Person, ich habe nicht die Gewohnheit das zu thun, aber das Gefühl, daß ich eines hohen Grades von Vertrauen in der Stellung, in der ich bin, auch zu meiner Person bedarf, veranlaßt mich, eine kurze Aeußerung zu thun über die Stellung, die ich in Erfurt hatte, und über die, die ich jetzt habe. Ich kam nach Erfurt mit denjenigen politischen Anschauungen, die ich, ich möchte sagen, aus dem Vaterhause mitbrachte, geschärft in jener Zeit durch den Kampf gegen die Angriffe der Bewegung von 1848 auf Zustände, die mir werth waren. Im Jahre darauf, 1851, bin ich in die praktischen Geschäfte eingetreten und habe seitdem Gelegenheit gehabt, Erfahrungen in der praktischen Politik, sechszehn Jahre hindurch in Stellen, wo ich ohne Unterbrechung mit der großen Politik, namentlich aber mit der Deutschen, beschäftigt war, sammeln zu können. Ich habe mich dabei überzeugt, daß aus dem Zuschauerraum die politische Welt — nicht bloß die auf den Brettern, die die Welt bedeuten — anders aussieht, als wenn man hinter die Coulissen tritt, und daß der Unterschied nicht bloß an der Beleuchtung liegt. Ich habe an mir selbst wahrgenommen, daß man die Politik anders beurtheilt, so lange man als Dilettant ohne das Gefühl schwerer persönlicher Verantwortlichkeit, etwa in den Mußestunden, die die anderweitige Berufsart zuläßt, an ihr mitwirkt, als wo man im Gegentheil sich einer vollen Verantwortung für die Folgen jedes Schrittes, den man thut, bewußt ist. Ich habe in Frankfurt im Amte erkannt, daß viele der Größen, mit denen meine Erfurter Politik gerechnet hatte, nicht existirten, daß das Zusammengehen mit Oesterreich, wie es mir denn aus den Erinnerungen an die heilige Alliance, die durch die Tradition der früheren Generation mir überkommen waren, vorschwebte, — daß dieses nicht möglich war, weil das Oesterreich, mit dem wir rechneten — es war die Periode des Fürsten Schwarzenberg — überhaupt eben nicht existirte. Ich beschränke mich auf diesen kurzen Rückblick, indem ich hinzusetze, daß ich mich glücklich schätze, überhaupt nicht zu den Leuten zu gehören, die mit den Jahren und mit den Erfahrungen nichts lernen. Wenn der Herr Vorredner eine gewisse Verwunderung darüber ausgesprochen hat, daß ich dem Budgetrechte meinerseits die besten Jahre meines politischen Lebens vielleicht gewidmet hätte, um es zu bekämpfen, so möchte ich an die eine Thatsache erinnern, daß es nicht ganz sicher ist, ob wir die Armee, welche die Schlachten des vorigen Jahres geschlagen hat, in derselben Verfassung besessen hätten, welche sie zu dieser Zeit hat, wenn im Herbste des Jahres 1862 sich Niemand fand, der bereit war, die Regierung auf Befehl Sr. Majestät des Königs fortzuführen, ohne den Beschluß des Abgeordnetenhauses vom 23. September auszuführen.

Rede über die nationalen Ansprüche der Polen.
18. März.

(Am 18. März begann die Specialberathung. Nachdem der Abgeordnete v. Bockum-Dolffs beantragte, Luxemburg, weil es einen Theil Preußens bilde, nicht besonders aufzuführen, legte der Abgeordnete Casimir Kantak im Namen der Polen Protest ein gegen die Aufnahme der Polnischen Landestheile Preußens in den Norddeutschen Bund, und motivirte denselben theils durch Berufung auf das Recht der Nationalität, theils auf die Wiener-Verträge von 1815. Gegen seine Ausführungen ist die folgende Rede gerichtet.)

M. H.! Wir Alle sind gewählt, darüber ist kein Zweifel, um die Verfassung des Norddeutschen Bundes zu Stande zu bringen; auch die Abgeordneten der Provinz Posen sind zu keinem andern Zwecke gewählt. Die Bewohner der Provinz sind auf diesem Fundament zu den Wahlen aufgefordert, und die Wahlverhandlungen ergeben, daß sie sich mit großem und ungewöhnlichem Eifer, beinahe neunzig Prozent der Bevölkerung, daran betheiligt haben. Wenn der Herr Abgeordnete dennoch einen Protest gegen das Zustandekommen dieses Bundes in dem beabsichtigten Umfange gerichtet hat, so glaube ich, hat er uns selbst deutlich genug zu erkennen gegeben, daß dieser Protest eigentlich sich nicht gegen den Bund, sondern gegen die Einheit der preußischen Monarchie richtet. Diese Einheit anzuerkennen und doch dagegen zu protestiren, daß der Staat, zu dem man gehört, berechtigt sei, seine staatlichen Zwecke auch im Verein mit den Nachbarstaaten zu erstreben, mit denen er glaubt sie besser erreichen zu können — kann in der That Niemand, der nur einige Logik bewahrt hat, einfallen. Der Protest richtet sich, wie der Herr Abgeordnete ja nicht zweifelhaft gelassen hat, gegen die Einheit der preußischen Monarchie. In diesem Sinne hätte er meines Erachtens bei einer früheren Gelegenheit — immer nicht mit Recht, aber doch mit mehr Logik angebracht werden können, als bei der jetzigen gerade, ich meine bei der Begründung der Preußischen Verfassung. Ich habe gar keine Verpflichtung, mich auf die Argumente des Herrn Vorredners über das hinter der preußischen Verfassung Liegende einzulassen. In so weit es nothwendig wird, werden diejenigen Herren Abgeordneten, die denselben Debatten, wörtlich denselben, bereits zehn- und zwanzigmal im preußischen Abgeordnetenhause assistirt haben, auch ihrerseits vielleicht wörtlich ihre dagegen gehaltenen Reden wiederholen können. Es ist meines Erachtens nicht meine Aufgabe, mich hier in die Beleuchtung der einzelnen Details und ihrer Entstellung, Unrichtigkeit und Hinfälligkeit einzulassen, sondern nur den prinzipiellen allgemeineren Standpunkt der preußischen Regierung zu diesen Bestrebungen gegen die durch Artikel 1. der Verfassung verbürgte Einheit des preußischen Staatsgebiets hervorzuheben. Hauptsächlich kommt es mir darauf an — und wir sind das, glaube ich, unsern Bundesgenossen schuldig — die Illusion zu bekämpfen, als ob eine erhebliche Anzahl der Wähler, welche hier von den Abgeordneten polnischer Nationalität vertreten werden, mit den hier kundgegebenen Bestrebungen derselben nach einer Zerreißung der Einheit des preußischen Staates überhaupt einverstanden wäre, — als ob die Herren irgend ein Mandat hätten, ihre Wähler in diesem Sinne hier zu vertreten, als ob sie legitimirt wären, Namens ihrer Wähler diese rein persönlichen Ansichten, die der Herr Abgeordnete hier ausgesprochen hat, im Namen ihrer Komittenten auszusprechen. Es ist bekannt, daß gerade die Bewohner der preußischen Antheis der ehemaligen Republik Polen vor allen und mit Recht empfänglich und dankbar gewesen sind für die Wohlthaten der Civilisation, die ihnen damit in höherem Grade als früher zugänglich geworden sind.

Ich kann es mit Stolz sagen, daß derjenige Theil der ehemaligen Republik Polen, welcher unter preußischer Herrschaft steht, sich eines Grades von Wohlstand, von Rechtssicherheit, Anhänglichkeit der Einwohner an ihre Regierung erfreut, wie er in dem ganzen Umfange der Republik Polen, so lange es eine polnische Geschichte giebt, nicht vorhanden und nicht erhört gewesen ist. Die Bewohner der Provinz haben ihre Dankbarkeit dafür, ihre Anhänglichkeit an die preußische Regierung und an das Königliche Haus bei jeder Gelegenheit, die ihnen geboten war, in ihrer großen Majorität bethätigt. Es ist, trotz aller Verführungsmittel, die angewendet wurden bei den ungefähr alle 15 Jahre sich wiederholenden Insurrectionen „zur Auffrischung der Gefühle" nicht gelungen, die preußischen Unterthanen polnischer Zunge in irgend erheblicher Anzahl so zu verführen, daß sie sich an diesen Bestrebungen einer Minorität betheiligt hätten. Es ist dies vorzugsweise nur vom Adel, gutsherrlichen Beamten und Arbeitern geschehen. Der Bauer hat stets mit großer Energie gegen jeden Versuch, die Zustände, von denen er durch seine Väter gehört hatte, wieder herzustellen, zu den Waffen gegriffen in Reih und Glied, — mit einer Energie, welche die Regierung im Jahre 1848 nöthigte, im Interesse der Menschlichkeit andere als polnische Truppen gegen die Aufständischen zu verwenden. Diese selben Gefühle der Anhänglichkeit haben die polnischen Soldaten — ich berufe mich auf das Zeugniß des verehrten Generals, welcher an der Spitze des fünften Armee-Corps steht — auf allen Schlachtfeldern bethätigt; sie haben ihre Treue gegen den König auf den dänischen und auf den böhmischen Schlachtfeldern mit ihrem Blute und ihrer Nationalität eigenthümlichen Tapferkeit besiegelt. Haben etwa diese selben Einwohner durch die jüngsten Wahlen, woran sie sich mit besonderer Lebhaftigkeit betheiligt haben, eine andere Meinung an den Tag gelegt — eine Meinung, welche die Vermuthung erwecken könnte, daß der Herr Vorredner hier im Namen einer irgend erheblichen Anzahl von ihnen gesprochen hätte? Die Behauptung daß dem so sei, nöthigt mich, auf die Debatten von voriger Woche in Betreff der polnischen Wahlen zurückzukommen. Ich habe damals dem Herrn Abgeordneten in Aussicht gestellt, daß ich ihm einige Nachrichten, die uns über die Wahlen zugegangen wären, mittheilen würde. Seine heutige Rede nöthigt mich, Wort zu halten, und ich erlaube mir, auf den Tisch des Hauses einen Bericht des Oberpräsidiums der Provinz Posen niederzulegen, aus dessen amtlichen Angaben ich mit Erlaubniß des Herrn Präsidenten einige — das Ganze würde viel zu lang sein — hier vortragen muß, um dasjenige zu erläutern, was ich nachher sagen will.

Die Herren Abgeordneten von jener Seite (auf die polnische Fraction deutend) hatten bekanntlich gesagt, daß die Parteien, daß die Geistlichkeit sich niemals passiver bei den polnischen Wahlen verhalten hätte, als diesmal. Ich glaube nicht, daß ein Zehntel derjenigen Fälle, wo das Gegentheil der Fall gewesen ist, zur Kenntniß der Behörden gekommen sein wird, denn der Pole hat eine ehrenwerthe Anhänglichkeit an den Diener seiner Kirche, und ist sehr schwer dahin zu bringen, Zeugniß gegen ihn abzulegen. Indessen dasjenige, was zu unserer Kenntniß gekommen ist, reicht hin, um ex ungue leonem zu erkennen. Ich erlaube mir nur, drei bis vier, ich kann nicht sagen hervorragendere Fälle, denn sie stehen sich alle gleich, anzuführen: Der Geistliche Wieczorkiewicz in Splawie hat bei einer Zusammenkunft mit polnischen Bauern diese mit folgenden Worten angeredet: „Die Wahlen sind vor der Thür; man muß sich zusammennehmen, sonst wird man uns verbieten, polnisch zu sprechen, polnisch zu schlafen, polnisch zu beten, polnisch zu singen und zu weinen, polnisch eine Kanzelrede zu halten, — unsere Kinder werden alle deutsch werden, und dann geht es in Deutschland gerade so wie in Rußland, dann werden wir gehangen werden, wenn wir uns Polen nennen". — Ein anderer Fall: Der Probst Kunze in Kiebel, welcher als Wahl-Kandidat für den Wahlkreis Bomst-Meseritz aufgestellt war. Derselbe hat nicht nur in verschiedenen Ortschaften, z. B. in der Stadt Wollstein, Wahl-Versammlungen selbst abgehalten — was einem Erlaß des hochwürdigen Erzbischofs direkt widersprach — für seine Wahl agitirt, sondern auch in den Parochieen Priement, Altkloster und Schlussenze, in welchen die Pfarrgeistlichen sich von der Agitation fern hielten, selbst die Leute zur Abgabe der Stimme für ihn zu bereden gesucht, indem er die bekannten Agitationsmittel bei Polen, man wolle ihnen ihre Sprache und ihren Glauben, bei Deutschen, man wolle ihnen den katholischen Glauben nehmen, zur Anwendung brachte. Ferner: Die polnischen Bauern zu Zodyn haben dem Rittergutsbesitzer Jaensch, als dieser sie am Montag, den 11. Februar fragte, weshalb sie denn zu der Partei des Probstes Kunze übergehen wollten, erwidert: er möge doch ihnen das nicht nachtragen; sie wüßten, daß sie ihm so Vieles zu danken hätten und daß er gewiß ihr Bestes wolle — aber diesmal könnten sie nicht anders, sie dürften nicht seinem Rath folgen; es handle sich um ihr Seelenheil, der Obrasche Probst habe ihnen gesagt, daß sie, wenn sie diesmal nicht Folge leisten und nicht seine Zettel abgeben, bei der Osterbeichte nicht auf Absolution rechnen könnten.

In Wohnowo sind die Frauen der Deutschen, aber katholische Leute, zu ihrem Dienstherrn, Gutsbesitzer Boehmak, gekommen und haben ihm Vorhalt gemacht, wie er ihre Männer könne zu einer Sache bereden wollen, bei welcher es sich um ihr Seelenheil handle. Auch der Probst Zebski in Slupia hat am 10. Februar d. J. über die Wahl gepredigt — das haben viele in demselben Sinne von der Kanzel her gethan — und unter vielen Thränen seinen Parochianen versichert, daß, wenn sie nicht einen Polen wählen, sie unzweifelhaft die katholische Religion und ihre polnische Sprache aufgeben müßten. Nach dem Gottesdienst sind außerhalb der Kirche durch die Kirchendiener die Wahlzettel vertheilt worden. Ich lege dieses Schriftstück, welches, ich weiß nicht, ob 50 oder 20 Fälle enthält, auf den Tisch des Hauses nieder zu Jedermanns Einsicht, und glaube in der Folge durch den Druck veröffentlichen zu sollen. Ueber die Provinz Westpreußen und den polnisch sprechenden Theil derselben sind die umfassenderen Nachrichten noch nicht eingegangen. Aber aus den Bruchstücken, die mir vorliegen, kann ich doch z. B. anführen, daß in Orten, wo es notorisch nur drei Leute gab, die polnisch konnten, 130, sämmtlich katholischer Konfession, geängstigt durch die Sorge für ihren Glauben und für ihr Seelenheil, für den polnischen Kandidaten gestimmt haben. Die Frauen sind hierbei, wie gewöhnlich, in Bewegung gesetzt. Eine wird hier redend eingeführt: „wenn wir jetzt zugeben, daß unsere Männer auf einen Deutschen stimmen, so kommt in 14 Tagen ein evangelischer Geistlicher und tauft uns alle um und wir müssen deutsch werden". Ich setze hinzu, daß ich bei der Heiligkeit des geistlichen Standes nicht daran zweifeln kann, daß diese Herren das, was sie ihren Beichtkindern gesagt haben, wirklich glauben, aber dann, meine Herren, herrscht unter ihnen ein Grad der Unwissenheit in Bezug auf weltliche Dinge, die der Regierung bringend wünschen lassen muß, daß ihm von Seiten der höheren Geistlichkeit ein Ende gemacht werde, namentlich wenn die Geistlichkeit dort die Inspection über den Jugend-Unterricht behalten soll. Aus dem Ganzen aber ziehe ich den Schluß, daß, wenn die polnisch redenden Herren Abgeordneten irgend ein besonderes Mandat neben dem allgemeinen hier haben, es nur dasjenige sein kann, die katholische Kirche gegen alle Angriffe zu vertheidigen. Nun, m. H., sollte der Fall solcher Angriffe eintreten, so können Sie glauben, daß die Königl. Regierung und ich persönlich für Sie ein ebenso entschiedener und zuverlässiger Bundesgenosse sein werde, wie etwa mein katholischer Herr Kollege, der Geheime Rath von Savigny. Es ist auch für die Frage, ob die Katholiken, in der Ueberzeugung, ihren Glauben schützen zu müssen, oder ob die Polen, in dem Wunsche, ihre nationalen Bestrebungen hier bethätigt zu sehen, gestimmt haben, das Zahlenverhältniß der Einwohner von Wichtigkeit. Es giebt nach den letzten Zählung in den Provinzen Posen und Westpreußen — um diese wird es sich doch hier nur handeln — unter 2,700,000 und einigen Einwohnern 1,150,000 Polen, aber 1,400,000 und einige Katholiken, polnische und deutsche zusammengerechnet. Es geht daraus hervor, daß ungefähr 300,000 Katholische deutscher Zunge sich in beiden Provinzen befinden, welche durch diese Umtriebe bewogen sind, zum großen Theil mit für die polnischen Kandidaten zu stimmen. In einigen anderen Kreisen hat sich die äußerste Linke der Fortschrittspartei herbeigelassen, auch ihrerseits für den polnischen Kandidaten, Herrn v. Domianewski, zu stimmen. Sie sind also, wie ich hier nachgewiesen zu haben glaube, nicht legitimirt, wenn Sie Namens der beinahe 3,000,000 Einwohner dieser beiden Provinzen, höchstens legitimirt, wenn Sie Namens der Katholiken, nicht aber, wenn Sie Namens der Polen sprechen, namentlich nicht legitimirt, wenn Sie im Namen der Nationalität für diejenigen sprechen, die in der Furcht, das Heiligste, was sie in ihrem Herzen tragen, ihren Glauben beeinträchtigt zu sehen, für Sie gestimmt haben, in Folge einer Furcht, die durch künstliche und durch unwahre Vorspiegelungen in ihnen erregt war. Der Herr Vorredner hat mich dadurch, daß er selbst sich darauf eingelassen hat, zu einem geschichtlichen Rückblick aufgefordert. Ich will daher auch untersuchen, ob er von historischem Standpunkte etwa einen Beruf hatte, die Interessen dieser Provinzen besonders zu vertreten, und zwar mehr als irgend Jemand. Wie entstand denn die Provinz Westpreußen und die Ordensherrschaft in Preußen? Der Herzog Conrad von Masovien, um sich der Einfälle der heidnischen Preußen zu erwehren, die Cujavien und Masovien bis tief hinein verwüsteten, rief die deutschen Ordensherren und gab ihnen einen kleinen, damals polnischen Landstrich, das Dobriner Land, zugleich versprach er ihnen — und das lag in der Natur der Sache — daß sie alles besitzen sollten, was sie der Wildniß, der menschlichen und natürlichen — dem wilden Stamme, den heidnischen Preußen abgewinnen würden. Auf diese Weise wurde das gesammte Land östlich der Weichsel, welches heutzutage einen erheblichen Theil von Westpreußen umfaßt, ein rein deutsches Land, kolonisirt durch Deutsche, und dazu erwarb der Orden den Theil von Westpreußen links der Weichsel durch die rechtmäßigsten Verträge, indem nach dem Aussterben, nicht etwa einer polnischen Dynastie, sondern der hinterpommerschen Herzöge mit Mestewin II. im 13. Jahrhundert dieses Land Hinterpommern mit der Hauptstadt Danzig an den Lehnsherrn, den Markgrafen von Brandenburg fiel, der Markgraf Waldemar davon Besitz nahm, und als nach seinem frühzeitigen Tode seine Nachfolger nicht im Stande waren, es zu behaupten, cedirten sie diese Landestheile, das heutige Pomerellen, damals Hinterpommern, an den deutschen Orden. Diesem hat es die Krone Polen später durch Krieg und Eroberung abgewonnen, als der Ordensstaat dadurch geschwächt wurde, daß die damalige preußische Fortschrittspartei, möchte ich sagen, die Städte und Landstände, sich mit dem Landesfeinde Polen in Verbindung setzten, die Kraft des Ordens schwächten, die Deutschen bei Tannenberg geschlagen wurden, und schließlich nach verschiedenen Hin= undherverträgen zwischen Danzig und anderen Städten und den westpreußischen Ständen ein Abkommen zwischen ihnen und der Krone Polen zu Stande kam, vermöge dessen sie in Personalunion leben sollten, und auf dieses haben sich nachmals die Westpreußen oft, wie jetzt unsere polnischen Abgeordneten, berufen, aber ohne allen Erfolg. Diese Transaction wurde schließlich durch den Frieden von Thorn im Jahre 1465 sanctionirt und so kam Polen durch das Recht der Eroberung, später durch Verträge sanctionirt, in den Besitz von Westpreußen, und benutzte diesen sehr bald, um das Land zu polonisiren, nicht etwa, wie man uns Schuld gegeben hat, zu germanisiren, durch Kultur, sondern durch Feuer, Schwert und Zwang: es setzte gegen die geschlossenen Verträge polnische Beamten nach Westpreußen hinein, die sich dort bereicherten, indem sie den Adel theils aus seinen Gütern verdrängten, theils zwangen, sich zu polonisiren. So wurde aus der alten deutschen Familie Hutten durch einfache Uebersetzung des Namens Czapski, so aus dem Namen Rau= tenberg der polnische Klinski, aus Stein: Kaminski. Ich könnte die Zahl be= deutend vermehren, unter der wir jetzt, während deutsches Blut in ihren Adern fließt, die heftigsten Gegner Deutschlands sehen. Die Städte wurden vertragswidrig in ihren Frei= heiten beeinträchtigt; es wurde später die Religionsfreiheit gewährleistet, man hielt sie auch theoretisch aufrecht, aber man schloß die Kirchen, man nahm sie weg und gab sie den ka= tholischen Gemeinden, die nicht vorhanden waren, die erst geschaffen werden mußten aus dem Güter erwerbenden Adel und den Beamten, welche dorthin geschickt. Manche der Städter — ich erinnere nur an Thorn — haben ihre Proteste dagegen auf den Schaffote zu büßen gehabt. Von 19,000 Dörfern waren durch die Verheerungen der Polen in Westpreußen nach der Schlacht bei Tannenberg nur etwa 3000 übrig geblieben. Auch diese waren ihnen noch zu viel. Die Kriege zwischen Polen und Schweden räumten darin auf, und es ist mehr als einmal geschehen, daß entlassene polnische Armeen in den ver= wüsteten deutschen Dörfern kolonisirt wurden. Von denen stammen ihre jetzigen Wähler, m. H., aus der Gegend von Marienburg und Stuhm; das sind kolonisirte polnische Sol= daten auf den Brandstätten deutscher Bauerhütten; daraus stammen ihre Landsleute in Gegenden, von denen her die Quellen der deutschen Kultur sich über Preußen ergossen haben, in den Gegenden von Thorn, Rhaden, Friedeck, Löbau.

M. H., wie sie Angesichts dieser Thatsachen, dieser Gewalt, die von Ihren Vor= fahren jederzeit geübt wurde da, wo sie die Macht dazu hatten, sich auf die Geschichte berufen, das verstehe ich nicht. Ihr Anspruch auf Westpreußen hat so lange gegolten, als der Säbel, der ihn eroberte, stark genug war, ihn zu behaupten; als Ihr Arm erlahmte, hörte der Anspruch mit der Rechtsquelle auf, aus der allein er hergeleitet wurde. Aehnlich verhält es sich mit dem Großherzogthum Posen. Wir haben dieses Land, in dem sich jetzt 800,000 polnisch sprechende Preußen und 700,000 Deutsch sprechende Preußen befinden, in großen und schweren Kriegen gewonnen. Nachdem im siebenjährigen Kriege Polen für uns nicht eine Schutzwehr, sondern der stete Ausgangspunkt und Zufluchtsort der russischen Heere gewesen war, haben wir es zum zweiten Male in schwerem Kampfe gegen einen übermächtigen Feind im Jahre 1815 erworben, und diese Eroberung ist durch völker= rechtliche Verträge besiegelt worden. So entstehen alle Staaten. Wir besitzen Polen mit demselben Rechte, wie Schlesien. Wenn Sie gegen das Recht der Eroberung ankämpfen, so haben Sie Ihre eigene Geschichte nicht gelesen; ich glaube, Sie haben sie gelesen, ver= schweigen Sie aber sorgfältig. Die Anfänge von Polen waren klein, meine Herren! Das Land am Goplo=See und an der Warthe, was man jetzt Groß=Polen nennt, was also nach dem älteren Begriff ein sehr erheblicher Theil von Polen war, vereinigte sich durch

Agglomeration mit Klein-Polen, in der Gegend von Krakau. Das Alles überschreitet noch nicht die Grenzen des heutigen West-Galiziens und Großherzogthums Posen, erfüllt noch nicht einmal die des Königreichs Polen. Als sie sich mächtig fühlten durch die Heirath mit dem litthauischen Großfürsten, die ihnen an und für sich sehr erhebliche eroberte Länder zubrachte, wandte sich dieser Eroberungstrieb gegen den deutschen Orden. Vorher hatten sie ihm genügt nach einer anderen Richtung hin auf Kosten Rußlands. Nachdem durch die Ansiedelungen der deutschen Ritter gegen die heidnischen Preußen auf dieser Seite Ruhe geschaffen war, etwa vom Jahre 1230 ab, wandte sich der Eroberungstrieb gegen die damals von tartarisch-mongolischen Horden bedrängten Russen. Polen gewann die Gebiete, die heutzutage Ost-Galizien ausmachen, von denselben Ruthenen bewohnt, welche die Provinzen Volhynien und Podolien, welche den Südosten des Königreichs Polen bewohnen; Polen trug sein Schwert weit über den Dnieper hinaus, sie gewannen die alte russische Residenz Kiew und weit darüber hinaus Tschernigow, Smolensk und sehr weite Landstrecken, an sich von größerer Ausdehnung, als Dasjenige, was Rußland bei der ersten Theilung Polens gewann. Zu gleicher Zeit hatten die Litthauer den russischen Volksstamm in Gestalt der Weißrussen, die die Gegend von Witebsk bewohnen, stark angeschnitten, und nachdem sie sich auf diese Weise dann kräftig genug fühlten, fielen sie mit den vereinten Litthauern den deutschen Orden an und nahmen ihm das wohlerworbene blühende, der Wildniß abgerungene Westpreußen ab, um es zu verheeren und den freien Bauernstand derjenigen Unterdrückung preiszugeben, welche die polnische Herrschaft immer charakterisirte. Der Herr Vorredner hat es ziemlich unumwunden ausgesprochen, was er mit den preußischen Landestheilen anfangen will, wenn er sie aus ihrem bisherigen Verbande gelöst hätte, wenn er, wo wir die Nachtheile der Grenzen wollen verschwinden lassen, neue Grenzen, Zollgrenze hätte schaffen können zwischen Westpreußen und Polen einerseits, dem westlichen Deutschland hinauf resp. Ostpreußen andererseits. Er hat die Theilung Polens ein Verbrechen genannt. M. H.! es war kein größeres, als die Theilung Rußlands, die Sie im vierzehnten Jahrhundert vornahmen, als Sie die Gewalt dazu hatten. Greifen Sie in Ihren eigenen Busen und sagen Sie sich, daß Sie das Verbrechen der Eroberung hundertfältig, als Sie mächtig genug dazu waren, begangen haben.

Den Gedanken der Wiederherstellung der Republik Polen in den Grenzen von 1772 — ich will nicht weiter zurückgreifen — braucht man nur auszudenken, um sich von seiner Unausführbarkeit zu überzeugen. Es ist eine Unmöglichkeit aus dem einfachen Grunde, weil es dazu nicht Polen genug giebt; es giebt sehr viel weniger Polen in der Welt, als man gewöhnlich glaubt, man spricht von 16 Millionen Polen. Das Gebiet der ehemaligen Republik Polen von 1772 ist — ich abstrahire ganz von dem durch die Friedensschlüsse von 1660 an Schweden verlorenen, früher eroberten Liefland, und von dem durch den Frieden von Andrussow an Rußland jenseits des Dnieper abgetretenen Gebietes mit der Stadt Kiew ohne das heutige Gouvernement gleiches Namens — dennoch ist das Gebiet, was übrig bleibt, heut von etwa 24 Millionen Menschen bewohnt, unter diesen befinden sich 7½ Millionen Polen, mehr giebt es in der ganzen Welt nicht, und davon sind 1½ Millionen zerstreut in weiten Gebieten, welche die westlichen Gouvernements des russischen Reiches ausmachen, unter Völkerschaften, die nicht nur keine Polen sind, sondern es auch gar nicht sein wollen, die um alles in der Welt nicht unter die polnische Herrschaft zurück wollen; sehen Sie nur in Galizien die Feindschaft der Ruthenen gegen die Polen, denen sie früher unterworfen waren, gleich den Westpreußen. Ich führe gerade dieses Beispiel an, weil es Allen bekannt ist, und Sie werden daran den Maßstab haben, welches die Gefühle der über 10 Mill. Nicht-Polen sind, die mit 1,200,000 Polen den Westen des russischen Reiches bewohnen. In den westrussischen Provinzen stehen gegenüber den 10 pCt. Polen, die in ihnen zerstreut wohnen, als frühere Herren, die mit der Eroberung gekommen sind und Land an sich gebracht haben oder als Renegaten ihres Volkes polnische Sitte und Sprache angenommen haben, 90 pCt. andere Völker, zum größten Theil russischen Stammes, Ruthenen und Weißrussen, diese sprechen nur russisch, beten russisch, meinen ruſſiſch, wenn ſie unter polniſcher Herrſchaft ſind, ſie ſind Ruſſen und wollen Ruſſen bleiben, und ſtehen der ruſſiſchen Regierung bei im Kampfe gegen den polniſchen Adel. Die übrigen ſind Litthauer, Letten, Deutſche, und eine ganz erhebliche Anzahl von Juden. Da haben Sie alſo von 24 Millionen 12 Millionen, wo es doch die äußerſte Ungerechtigkeit wäre, wenn man den 10 pCt. unter ihnen eine gefürchtete und verhaßte Herrſchaft über die übrigen 90 pCt. beilegen wollte. In Galizien, wie ich ſchon erwähnte, haben Sie 2 Millionen Ruthenen gegen 2 Millionen Polen in Weſt-Galizien, im Königreich Polen 3,400,000 Polen, außerdem ¼ Million Ruſſen im Südoſten vom Gouvernement Lublin und ¼ Million Litthauer vom Niemen bis ungefähr nach Suwalki im nordöſtlichen Zipfel des Königreichs; ferner haben Sie 300,000 Deutſche und 600,000 Juden und dann den Reſt von 3,400,000 Polen. Ich habe ſchon erwähnt, daß wir in der Provinz Poſen deren 800,000 haben, in der Provinz Weſtpreußen etwa 350,000. Zählen Sie dieſe Alle zuſammen, (nur diejenigen aber, die kompakt genug wohnen, um ein Gemeinweſen zu bilden und die bei ſich zu Hauſe doch wenigſtens in der Majorität ſind), dann bekommen Sie, wenn ich mich nicht irre, 6½ Millionen Polen heraus, und im Namen dieſer 6½ Million Polen fordern Sie die Herrſchaft über 24 Millionen zurück mit einem Tone, einem Gefühl, als ob es die tiefſte, unwürdigſte Knechtung und Erniedrigung wäre, daß Sie die Leute nicht noch ferner unter Ihrer Herrſchaft haben und knechten können, wie es leider Jahrhunderte lang, ja ein halbes Jahrtauſend lang geſchehen iſt. Man braucht nur die Verhältniſſe genauer zu kennen und dieſer Anſpruch hat vor Europa keinen Beſtand, das Ganze verſchwindet in Utopie, namentlich wenn man zur Verwirklichung der Utopie darauf ausgehen muß, zunächſt drei große Reiche zu zerſtören, Oeſterreich, Preußen, Rußland, 3 unter den 5 oder 6 europäiſchen Großmächten in die Luft zu ſprengen, um auf den Trümmern derſelben eine neue phantaſtiſche Herrſchaft von 6 Millionen Polen über 18 Millionen Nicht-Polen zu begründen. Ja, es iſt nicht einmal glaublich, daß dieſe 6 Millionen Polen polniſch beherrſcht ſein wollen; ſie haben zu trübe Erfahrungen gemacht. Wodurch iſt die polniſche Bewegung in Weſt-Galizien zum Stillſtand gekommen? weil der polniſche Adel ſich überzeugte, daß der Bauer durchſchaute, wohin er zielte, nämlich zur Wiederherſtellung Polens; da hat der polniſche Bauer einen Schreck bekommen und hat ſich weggewendet von der Bewegung und von den Vorſpiegelungen, die ihm von Seiten des Adels gemacht worden. Auch der Adel hat einen Schreck bekommen, wenn er an die furchtbaren und verbrecheriſchen Bluttthaten der Bauern im Jahre 1846 dachte, er hat den Säbel eingeſteckt und lebte einſtweilen im Frieden mit der öſterreichiſchen Regierung. Ich glaube, ich brauche das nur anzuführen — und die Herren polniſcher Zunge kennen die Verhältniſſe beſſer als ich, — um die Behauptung zu unterſtützen, daß ſelbſt die 6½ Millionen Polen nicht die Abſicht haben, von ein paarmal Hunderttauſend polniſchen Edelleuten von Neuem beherrſcht zu werden. Auch der Verlauf der Inſurrection in Rußland zeigt dies. Ich will die ruſſiſche Herrſchaft nicht als eine beſonders milde rühmen, aber der polniſche Bauer hat zu ihr doch mehr Zutrauen, als zu der Herrſchaft ſeines adligen Landsmannes. Wo die Ruſſen hinkamen und die Hänge-Gensdarmen verſchwanden, fanden ſie damals, vor drei Jahren, die bereitwilligſte Unterſtützung, ſoweit die Furchtſamkeit der eingeſchüchterten Bevölkerung es geſtattete. Ich möchte Sie alſo bitten, m. H., Sie, die Sie behaupten, das polniſche Volk zu vertreten, verzichten Sie darauf, Europa, Preußen, Ihre eigene Provinz in Unruhe zu erhalten, indem Sie einem ganz unerreichbaren Ziele nachjagen. Man kann in Ihnen vielleicht die Hoffnung erwecken, dies Ziel ſei erreichbar, aber dann täuſcht man Sie oder Sie täuſchen ſich ſelbſt darüber, wie man es leicht thut über das, was man wünſcht. Daß der polniſche Adel ein gewiſſes Heimweh nach den früheren Zuſtänden hat, iſt mir vollſtändig erklärlich, das findet ſich auch in den deutſchen, ehemals geiſtlichen Territorien in ganz analoger Weiſe. Verzichten Sie darauf, dieſem Phantom nachzujagen, vereinigen Sie ſich mit uns, vereinigen Sie ſich mit der Mehrzahl Ihrer polniſchſprechenden Brüder in Preußen, mit den polniſchen Bauern in der Theilnahme an den Wohlthaten der Civiliſation, die Ihnen der preußische Staat bietet, an den Wohlthaten, die Ihnen die durch den Norddeutschen Bund vermehrte friedliche Sicherheit gewährt, betheiligen Sie sich ehrlich am gemeinsamen Werk und Sie werden unsere Hand offen finden und wir werden Sie mit Freuden als unsere Brüder und Landsleute in unserer Mitte begrüßen. Der hohen Versammlung aber in ihrer deutschen Mehrzahl möchte ich dieses Beispiel der Polen noch besonders vor Augen halten, um den Beweis zu liefern, wohin ein großer mächtiger Staat, geleitet von einem tapferen, kriegerischen und gewiß auch einsichtigen Adel, gelangen kann, wenn er die Freiheit des Einzelnen höher stellt, als die Sicherheit nach Außen, ich will nicht sagen, als die Einheit, — wenn die Freiheit des Individuums als eine Wucherpflanze die allgemeinen Interessen erstickt. Die energischsten Anstrengungen — und wer bewundert nicht den Grad von Energie, den der polnische Adel anwendet, um die verlorene Herrschaft wieder zu erlangein? — die energischsten Anstrengungen, die größte Hingebung für gemeinsame Zwecke, der glänzendste Tapferkeit, die einzelne Individuen für diese Zwecke an den Tag legen, Alls das reicht nicht hin, um die verlorenen Güter zurückzubringen. Es bleibt das Wort des Dichters wahr: „Was du dem Augenblicke ausgeschlagen, bringt keine Ewigkeit zurück!"

(Außer dem Grafen Bismarck sprachen auch noch die Abgeordneten v. Sänger-Grabowo und v. Unruhe-Bomst gegen den Protest, während die Abgeordneten v. Niegolewsky, v. Domianewsky ihn zu vertheidigen suchten.)

Erwiderung, die Verhältnisse in Nordschleswig betreffend.
18. März.

(Zu dem Artikel 1 hatten die beiden Abgeordneten Dänischer Nationalität, Ahlmann und Kryger, folgenden Zusatz beantragt: „Zum Bundesgebiet nicht gehörig sind diejenigen Districte des Herzogthums Schleswig, deren Bevölkerungen das Recht der freien Abstimmung über ihre Zugehörigkeit vertragsmäßig gewährt ist." Nachdem der Abgeordnete Kryger eine Rede vorgelesen, in welcher er den Antrag zu begründen versuchte, erwiderte ihm der Vorsitzende der Bundescommission folgende Rede.)

Ich kann mich in Erwiderung auf die Aeußerung des Herrn Vorredners auf Dasjenige beziehen, was ich über diese Frage im preußischen Hause der Abgeordneten gesagt habe, und was durch den ersten Herrn Redner, der heute auf dieser Tribüne stand, auch heute nochmals verlesen worden ist, und also den Akten der heutigen Diskussion einverleibt werden wird. Ich ergreife außerdem nur das Wort, um gegen zwei faktische Angaben des Herrn Vorredners einen Widerspruch einzulegen. Einmal gegen die Angabe: daß die Grenze des Norddeutschen Bundes eine zweifelhafte sei und nicht feststände. Wenn die Verfassung so angenommen wird, wie sie gegenwärtig liegt, so wird damit zur Grenze des Gebietes des Norddeutschen Bundes bis auf Weiteres diejenige Grenze, die im Wiener Frieden zwischen Dänemark auf der einen, und Preußen und Oesterreich auf der anderen Seite stipulirt worden ist. Soll eine andere Grenze gezogen werden, so sind darüber die weiteren Verhandlungen vorzubehalten, und ich glaube nicht, daß dasjenige, zu dem sich Preußen in dieser Beziehung verstehen würde, einen Widerspruch von Seiten seiner Bundesgenossen erfahren dürfte. Man könnte gegen diesen Widerspruch sogar einwenden, daß die Bundesgenossen im Voraus darauf verzichtet haben, indem sie den Inhalt des Prager Friedens bei Schließung unseres Bündnisses als rechtsbeständig anerkannt haben, seinem vollem Umfange nach, auch in Betreff dieser Bestimmung. Die zweite Behauptung, die ich als thatsächlich unrichtig bestreite, ist diejenige: daß irgend ein Einwohner von Schleswig aus dem Vertrage, den Preußen mit Oesterreich abgeschlossen hat, ein Recht ableiten könnte auf die Abstimmung. Nur Se. Majestät der Kaiser von Oesterreich hat das Recht, von uns die Ausführung des Prager Friedens zu fordern, in welchem Maße, das läßt der Inhalt des Prager Friedens-Instruments selbst unbestimmt; er läßt der preußischen Regierung darin eine latitude, er überläßt ihr sich derselben nach ihrer Auffassung der Billigkeit und der eigenen Interessen des preußischen Staates zu bedienen. Wenn ich in der Aeußerung, die der Abgeordnete Kantack heute citirt hat, im Abgeordnetenhause erklärt habe: Preußen könnte unter Umständen, je nach der geographischen Lage einer fremden Nationalität, die dem preußischen Staatsgebiet angehört hat, wenn von derselben Dauer und nachhaltig der Wunsch ausgesprochen wird, und wenn klar vorliegt, was aus ihr wird, sobald Preußen verzichtet — — wenn ich mich dahin ausgesprochen habe, so habe ich dies allerdings gerade mit Rücksicht auf Nordschleswig gethan, indem ich damit habe sagen wollen, daß es für die Macht und den staatlichen Bestand Preußens von keiner entscheidenden Wichtigkeit sei, ob dort einige dänisch sprechende Einwohner, die lieber zu Dänemark gehören wollten, mehr bei Preußen sind oder weniger. Die Grenze, die wir in dieser Beziehung nicht überschreiten dürfen oder wollen, wird gezogen durch das Interesse des preußischen Staates an seiner militärischen Sicherheit: eine Grenze, durch die unsere strategische Sicherheit nach jener Richtung hin beeinträchtigt würde, die uns in die Verlegenheit setzen könnte, das mit schwerem Blut und Anstrengung gewonnene Düppel nochmals zu nehmen, würden wir unter keinen Umständen anerkennen und zugeben können, dazu sind wir auch nicht verpflichtet. Es ist nicht gesagt in dem Friedens-Instrument „der nördliche Distrikt von Schleswig", wobei man sich Schleswig etwa in zwei Distrikte, einen nördlichen und einen südlichen, geschieben dächte; es ist nicht gesagt „ein sprachlich abgegrenzter Distrikt"; es ist der Ausdruck gebraucht, „die nördlichen Distrikte", also solche Distrikte, deren es mehrere, vielleicht viele in Schleswig giebt — man kann sich das Maß dieser Distrikte sehr klein, man kann es sich sehr groß denken, und so groß, wie es in Kopenhagen vorschwebt, glaube ich, wird es nicht ausfallen. Ich will hier unerörtert lassen, ob wir zur Feststellung dieser Linie einer Uebereinstimmung mit Oesterreich bedürfen. Wenn es vom kaiserlichen Kabinette verlangt würde, so würden wir uns den Verhandlungen darüber nicht entziehen, nämlich Verhandlungen über die Frage, ob wir hierzu verpflichtet sind oder nicht. Jedenfalls wird es nothwendig sein, auch ehe zur Ausführung dieser Bestimmung geschritten wird, mit der Königlich dänischen Regierung darüber zu verhandeln, ob sie die Rücceffion und in welchem Umfange, unter welchen Bedingungen sie sie annehmen will. Wir können, wenn diese Cession deutsche Einwohner mit in sich begriffe, und zwar solche, die laut erklären, deutsch bleiben zu wollen, nicht anders zu ihr schreiten, meines Erachtens, als indem wir das Geschick der Deutschen entweder durch Enklaven, die wir vorbehalten, sicher stellen oder dadurch, daß wir mit Dänemark einen Staatsvertrag abschließen, für dessen genaue Innehaltung wir andere Bürgschaften verlangen müßten als diejenigen, welche früher die Deutschen Schleswigs nur unvollkommen schützten. Es ist ferner nicht zu vergessen, daß auf den Herzogthümern Schleswig-Holstein eine erhebliche Schuldenlast ruht, die jeden einzelnen Theil dieser Herzogthümer affizirt. Von dänischen Schulden haben die Herzogthümer 29,000,000 dänische Thaler, wenn ich richtig rechne, etwa 22½ Millionen preußische Thaler, übernommen; an Kriegskosten für Oesterreich haben wir ausgelegt nach dem Inhalt des Prager Friedens 15 Millionen; unsere eigenen Kriegskosten, wie wir sie nach dem Wiener Vertrage von den Herzogthümern zu verlangen haben, werden sich nach einer vorläufigen Schätzung auf 25 Millionen Thaler belaufen; es kommt also eine Summe von über 60 Millionen Thalern, also über 60 Thaler auf den Kopf der Bevölkerung. Auf eine Bevölkerung von beispielsweise 100,000 Einwohnern würde nothwendig eine Schuldenlast von 6 Millionen und einigen 100,000 Thalern fallen. Alle diese Verhältnisse werden in Verhandlungen mit Oesterreich, ob Dänemark geklärt werden müssen, ehe zur Ausführung der Bestimmung geschritten werden kann. So lange kann die Bundesverfassung nicht aufgeschoben werden, können auch die Grenzen des Bundes nicht ungewiß bleiben. Und gerade bei der Unbestimmtheit der Grenzen fällt es noch mehr ins Auge, daß kein Schleswiger behaupten kann, gerade ihm gäbe diese Bestimmung ein auch nur

moralisches Unrecht; denn daß ein juristisches Recht aus unserem Vertrage mit Oester=
reich von keinem Bewohner Schleswig=Holsteins abgeleitet werden kann, darf ich einer
Versammlung, die so viele Juristen unter sich zählt, nicht erst beweisen.

Kurze faktische Berichtigung.
18. März.

(Nachdem auch der Abgeordnete Francke sich gegen den dänischen Antrag ausgesprochen
und der Hessen=Darmstädtische Bundescommissarius, Legationsrath Hoffmann, die Erklärung
abgegeben, es würden sich wohl Mittel und Wege finden lassen, den Main, der jetzt noch die
Grenze des Bundes bildet, zu überbrücken, sprach der Abgeordnete v. Hammerstein für den
Antrag des Abgeordneten v. Carlowitz, wonach die Bundesglieder sich verpflichten sollten,
ihre Souveränitätsrechte ohne Zustimmung der Gesammtheit und zu Gunsten der Mitverbün=
deten abzutreten, indem er denselben den Sinn beigelegt wissen wollte, daß auch zu Gunsten
eines Successionsberechtigten auf die Souveränitätsrechte Verzicht geleistet werden könne. Eine
Bemerkung in Betreff des Hannoverschen Adels veranlaßte den Präsidenten der Bundescomif=
sarien zu folgender faktischen Berichtigung:)

Ich will nur zu einer kurzen faktischen Berichtigung das Wort nehmen, da der Herr
Vorredner meine Aeußerungen von heut mißhört hat. Ich habe nicht von Bestrebungen
des hannoverschen Adels gesprochen, den ich mit dem polnischen parallelisirte, sondern von
den Schwierigkeiten, die manche Eingesessene früherer geistlicher Territorien in Deutsch=
land hätten, die günstige frühere Lage des Adels in diesen Territorien heut zu vergessen.

Erwiderung in Beziehung zu Holland und Luxemburg.
18. März.

(Der Abgeordnete Schraps (aus Sachsen), welcher erklärt, von seinen Wählern beauf=
tragt zu sein, gegen den Entwurf zu stimmen, bringt das Verhältniß Hollands und Luxemburgs
zum norddeutschen Bunde zur Sprache. Ihm erwiderte der Vorsitzende der Bundescom=
missarien:)

Ich freue mich, daß der Herr Vorredner mir Gelegenheit giebt, von dieser Stelle
den absurden Verdächtigungen unserer Beziehungen zu Holland, die in einem Theile der
Presse sich breit gemacht haben, entgegenzutreten. Ich weiß nicht, wer ein Interesse dabei
gehabt hat, die Ansicht zu verbreiten, als ob Holland oder irgend ein Theil des holländi=
schen Gebietes von Preußen, von Deutschland her bedroht würde, als ob irgend ein preu=
ßischer Staatsmann jemals daran gedacht hätte, den Holländern ihr Besitzthum zu be=
neiden oder zu beeinträchtigen. Vielleicht hat die darüber entstandene Befürchtung das für
die Königl. niederländische Regierung erfreuliche Resultat gehabt, bei der Abstimmung
über das dortige Militärbudget die Abgeordneten geneigter zu machen; aber dieser Rück=
sicht kann ich doch nicht allein den Ursprung dieser Gerüchte zuschreiben, als ob wir Hol=
land bedroht hätten, — Gerüchte, die so vollständig aus der Luft gegriffen sind, daß mit
keinem Buchstaben jemals der mindeste Anlaß gegeben ist, der einer solchen Erfindung
auch nur die Haaresbreite Raum barböte, auf der eine Lüge Fuß fassen könnte.

Wir haben mit Holland — mit den Niederlanden will ich mich richtiger ausdrücken —
bei Gelegenheit des Ausbruchs des Krieges über Luxemburg eine kurze Auseinandersetzung
gehabt. Die Großherzoglich Luxemburgische Regierung folgte nicht unserem Beispiele, sich
vom damaligen deutschen Bunde zu trennen, nachdem die Kriegserklärung vom 14./16.
Juni erfolgt war; sie blieb in der Versammlung, sie associirte sich also gewissermaßen der
Corporation, die mit uns im Kriege war, sie fuhr fort, dazu zu gehören. Ich habe über

diesen Punkt eine Auseinandersetzung mit dem Königlich Niederländischen Herrn Gesandten gehabt, der, obschon er kein directes, strenges Mandat dazu hatte, doch ex mandato praesumpto die luxemburgische Regierung hier mit vertrat. Wir waren dabei einig, daß, juristisch genommen, wir uns im Kriege mit Luxemburg befänden, daß wir aber beiderseitig kein Interesse hätten, diesen Krieg zu führen, und wir glaubten uns Beide aufs Wort, daß wir nicht auf einander schießen würden. Daß selbst damals in diesen Vorgängen der Keim irgend einer Befürchtung für Holland, eine Bedrohung der Niederlande gelegen haben könnte, kann ich nicht annehmen, das sind vorübergegangene Dinge. Bekannt ist, daß die Königlich Niederländische Regierung wünscht, das Land, welches einen Theil ihres unmittelbaren Gebietes, einen Theil der Provinz Limburg seit einer Reihe von Jahren mit umfaßt, gelöst zu sehen; sie hatte darüber schon in Frankfurt bestimmte Anträge gemacht. Wir haben die Ueberzeugung, daß, wenn wir mit Entschiedenheit darauf bestanden hätten, die Niederlande sollten für Limburg beitreten, wir dadurch den Niederlanden einen Anlaß zur Besorgniß gegeben haben würden, indem es dann ja eben wiederum darauf ankäme, die Zerreißung einer staatlichen Einheit herbeizuführen, die die polnischen Herren Abgeordneten der Preußischen Monarchie anthun wollten bei dem tiefer einschneidenden System des jetzigen Bundes. Wir haben diese Zumuthung nicht gestellt, ebensowenig ist uns in Bezug auf Luxemburg jemals ein Wunsch des dortigen Souverains, der dortigen Regierung, der dortigen Einwohnerschaft ausgesprochen worden, für dieses Großherzogthum dem Norddeutschen Bunde anzugehören. Man könnte im ganz strengen Wortsinne annehmen, daß nach der Analogie der Friedensschlüsse, die wir mit Meiningen, mit Reuß gemacht haben, schließlich vielleicht sogar ein Friedensschluß mit Luxemburg nöthig wäre. Aber diese indirecte Kriegserklärung, die im Verweilen Luxemburgs im Bunde lag, hat gar keine Folgen gehabt, weder einen Kampf noch einen Friedensschluß. Unsrerseits ist auf die Zugehörigkeit Luxemburgs und Limburgs zu Deutschland weder verzichtet worden, noch ist sie als ein Rechtsgrundsatz ausgesprochen worden. Wir können den Souveränen, die dem Bunde nicht beitreten wollen, keine Gewalt und keinen Zwang anthun. Wenn einer der übrigen Souveräne, mit denen wir uns jetzt im Bunde befinden, nachhaltig und entschieden verweigert hätte, dem Norddeutschen Bunde beizutreten — ich glaube doch, die geographische Situation eines solchen Staates müßte sehr zwingend ihrer Natur nach auf uns gewirkt haben, wenn wir hätten einen Druck auf solche Regierung ausüben sollen in einer Lage der europäischen Verhältnisse, wo wir ebenso wie die anderen Großmächte das Interesse haben, den Zunder, der den Frieden Europas in Brand stecken könnte, in keiner Weise zu vermehren. Ich kann deshalb nur constatiren, von Seiten Luxemburgs ist uns niemals die Absicht und der Wunsch ausgesprochen worden, dem Norddeutschen Bunde beizutreten; von Seiten Limburgs ist uns entschieden der Wunsch ausgesprochen worden, in dieser Beziehung nicht behelligt zu werden.

Replik gegen den Abgeordneten von Hennig.
18. März.

(Der Abgeordnete v. Hennig, welcher sich in seiner Rede theils gegen den Abgeordneten v. Hammerstein, theils gegen den Abgeordneten v. Donimiersly und Niegolewsly gewendet, will im Schlusse seiner Rede den Vergleich des Bündnisses der Städte und Landstände des Bundesstaates mit den Staaten nicht der rechtlichen Verbindung der Fortschrittspartei mit der polnischen Fraction nicht gelten lassen. Dagegen bemerkte Graf Bismarck:)

Ich bemerke nur, daß die Polen selbst in dem polnischen Staate doch die Unabhängigkeit des Einzelnen als das wahre Kriterium ihrer Freiheit ansahen. Ich erinnere mich, einen polnischen Wappenspruch gelesen zu haben, der, wenn ich richtig citire, ohngefähr so lautete: „penes Regem majestas — das äußerliche Ansehen ließen sie ihm — penes senatum auctoritas, penes nationem libertas." Das war das Einzige, was sie für die Nation in Anspruch nahmen, aber sie erschlugen mit dieser Freiheit eben die staatliche Existenz.

Wenn der Herr Vorredner der heutigen Fortschrittspartei in Preußen das Lob ertheilt, daß sie sich niemals mit fremden Bestrebungen eingelassen habe, so rechnet er offenbar die polnischen Bestrebungen nicht zu den fremden, es sind einheimische. Ich erinnere mich wenigstens, daß ich s. J., vor etwa 4 Jahren, in einem sehr bitteren und anstrengenden Kampfe der verbündeten polnischen und Fortschrittspartei auf einem anderen Boden gegenüber gestanden habe.

Erwiderung auf die Rede des Abgeordneten von Carlowitz in Betreff der Luxemburger Frage und den Beziehungen zu Süddeutschland.

18. März.

(Nachdem der Abgeordnete Ahlmann den von ihm und von dem Abgeordneten Kryger gestellten Antrag nochmals vertheidigt, sprach der Abgeordnete v. Carlowitz für seinen Zusatzantrag, kam aber nochmals auf die Luxemburger Angelegenheit und die Beziehung des Norddeutschen Bundes zu Süddeutschland zurück. Zur Erwiderung seiner Bemerkungen sagte der Vorsitzende der Bundescommissarien:)

Der Herr Redner hat ungeachtet meiner bündigen Versicherung, die ich, wie ich glaube in der letzten Sitzung gegeben habe über die Beziehungen Preußens und des Norddeutschen Bundes zu Süddeutschland, heute von Neuem das Schreckbild aufgestellt eines Bündnisses zwischen den süddeutschen Staaten und dem Auslande gegen Preußen. Ich glaubte mich neulich deutlich genug ausgesprochen zu haben; ich sehe aber heut, daß ich selbst von einem so einsichtigen und mit den Geschäften vertrauten Politiker, wie der Herr Vorredner ist, nicht verstanden bin. Ich freue mich daher, hinzufügen zu können, daß diejenigen Beziehungen zwischen Norddeutschland und Süddeutschland, die ich mir neulich nur anzudeuten erlaubte, bereits seit dem Friedensschluß vertragsmäßig verbürgt sind. Ich hoffe, dies wird den Herrn Vorredner darüber vollständig beruhigen. Der Herr Vorredner hat eine eigenthümliche Neigung verrathen, kitzliche und schwierige Fragen zu berühren, diese und eine, die mir der Mühe in der That noch weniger werth schien, die Luxemburgische. Ich habe mich schon vorher über diese ausgesprochen, soweit wie es nöthig war; ich glaube, der Herr Vorredner ist mit sich selbst darüber in Widerspruch getreten, indem er es für eine der schwächsten Seiten des früheren Bundes hielt, daß solche Souveraine, die außerhalb des Bundes ein größeres Gebiet besäßen, Mitglieder geworden wären. Nichtsdestoweniger schlägt er selbst in diesem Augenblick vor, den König der Niederlande als Großherzog von Luxemburg wieder in den Bund aufzunehmen oder dem Großherzog das Großherzogthum, daß er mit vollem Rechte besitzt, abzunehmen, tertium non datur. Der Herr Vorredner sprach eine Art von Vorwurf gegen mich aus — der Vorwurf trifft mich persönlich — daß die Siege unserer Truppen in Nikolsburg nicht hinreichend ausgenutzt wären. Ich bedaure, daß mir sein Rath damals nicht zur Seite gestanden, vielleicht hätten wir dann mehr erlangt. Die Luxemburgische Frage aber, meine Herren, kann der Herr Vorredner auch heute noch auf eigene Hand auf sich nehmen, und wenn es ihm gelingt, den Großherzog zu disponiren, daß er sich dem Norddeutschen Bund anschließt, dann wird er sich vielleicht sagen können, eine europäische Frage geschaffen zu haben, ob etwas Weiteres, das bliebe abzuwarten.

Rede betreffend den Antrag des Abgeordneten Dr. Braun (Wiesbaden) in Bezug auf Art. 4. des Verfassungs-Entwurfs.

21. März.

(Die drei ersten Artikel des Verfassungsentwurfes wurden in unveränderter Gestalt von dem Reichstage angenommen. Im Art. 4, welcher von den Gegenständen handelt, die der Gesetzgebung und Aufsicht des Bundes unterliegen, wurden die aufgeführten Punkte mehrfach verändert. Ein Antrag des Abgeordneten Dr. Braun (Wiesbaden) ging dahin als einen anderen Punkt noch hinzuzufügen: „Die Feststellung der Befugnisse, welche kein Bundesstaat in Bezug auf Post-, Vereins- und Versammlungsrechte, sowie in Bezug auf die sonstigen persönlichen und staatsbürgerlichen Rechte seinen Angehörigen vorenthalten darf." Es waren zu demselben noch zwei Unteranträge gestellt von den Abg. v. Bockum-Dolffs und Preetz. Für den Braun'schen Antrag sprachen die Abg. Laster, Wachenhusen (aus Mecklenburg-Schwerin), Graf Schwerin und der Antragsteller selbst. Gegen denselben die Abg. v. Bockum-Dolffs, v. Bincke (Hagen), und Wagener (Neustettin). Nachdem der Graf Schwerin seinen Vortrag beendet, ergriff der Vorsitzende der Reichstagscommissarien das Wort und sagte:)

Ich habe nur das Wort ergriffen, um mich gegen eine Ansicht des Herrn Redners, der so eben die Tribüne verläßt, auszusprechen, nämlich gegen dasjenige Argument, daß er nicht begreife, wie Jemand, der Preußens Führung auf dem Wege wolle, den ich mit ihm auch ferner gemeinschaftlich zu wandeln hoffe, dieser Sache widersprechen könne. Der Herr Redner hat dabei, glaube ich, ein Motiv unterschätzt, welches in mir, wenigstens als Minister — ich sage nicht als Abgeordneter — das stärkste ist, bei demjenigen Widerspruch, den ich gegen irgend eines der vielen hier auftretenden Amendements erhebe, nämlich die mich nie verlassende Sorge: werden wir dafür die Zustimmung der übrigen Regierungen erlangen? kann an dieser Sache die Zustimmung scheitern? ist die Sache der Mühe werth, das Ventil der Maschine auf diese Probe zu stellen? Und in der Beziehung kann ich mich auf die Argumentation des Herrn Vorredners berufen; ich glaube, er hat schon dazu beigetragen, die Ueberschätzung des Werthes dieses Amendements, falls es angenommen würde, zu vermindern. Es handelt sich, wie schon vorher hervorgehoben worden ist, nur um den Unterschied der Gesetzgebung und der Verfassungs-Aenderung, um die Frage: ist zur Einführung dieses oder jenes Grundrechts, dieser oder jener Garantie — es ist nicht ganz der richtige Ausdruck, aber die Herren verstehen mich — erforderlich, daß zwei Drittel der Stimmen im Bundesrathe dafür vorhanden sind, oder reicht die größere Hälfte hin? Um uns einen Gedanken von dem praktischen Werthe dieses Unterschiedes zu machen, fassen wir die Sache einmal nicht von der Seite des Druckes auf, der sich hinter das Durchbringen einer solchen Sache setzen läßt, sondern von der Seite der Widerstandskraft. Bei dem Erforderniß von zwei Dritteln Majorität genügt Preußens Widerspruch mit 17 Stimmen, um das Zustandekommen unmöglich zu machen; bei Annahme dieses Amendements müßte dem Preußischen Widerspruch mit 17 Stimmen etwa der Sächsische mit 4 Stimmen zu Hülfe kommen. Schon gegen diese beiden stärksten Regierungen im Bunde, wenn sie einig sind, ist es nicht wünschenswerth, eine Sache durchzudrücken; es würde dann nur noch eine der einzelnen Stimmen hinzutreten dürfen, dann wäre die Majorität von 22 da, die einen Widerspruch im Bundesrathe erheben könnte, an dem die Sache scheiterte. Von dieser Seite betrachtet, meine Herren, glaube ich, hat die Sache für die Freunde des Amendements nicht den hohen Werth, daß sie darum das Ganze auf die Probe stellen sollten. Ich hoffe, daß, wenn der Fall der Entscheidung einträte, auch auf Seiten der Bundesregierungen über solche Dinge unser Werk nicht gehindert werden würde, daß solche Anstände nicht ausreichen, um die Grundlage, die wir haben, zu zerstören und in die Luft zu sprengen; — aber, meine Herren, sicher sind wir doch in dieser Sache nicht! Wenn ich hier als Abgeordneter spräche, so würde ich sagen: man kann es annehmen, man kann es ablehnen, ich sehe darum keine Gefahr für das Vaterland; als Minister kann ich nur dazu rathen, es abzulehnen.

Da ich den Vorzug gehabt habe, bei der Generaldebatte zum Worte zu kommen, so bin ich in der angenehmen Lage, mich ganz eng an den Gegenstand halten zu können, der uns augenblicklich vorliegt. In Bezug auf denselben erlauben Sie mir nur hervorzuheben, daß die Bundeskommissare bei ihren Berathungen diesen wichtigen Gegenstand nicht etwa zufällig übersehen oder vergessen haben, sondern daß sie Erwägungen stattgaben, nach welchen sie einen solchen Zusatz wenn nicht für überhaupt entbehrlich, doch als für jetzt entbehrlich ansehen. Indessen bin ich im Augenblick in der Lage, im Namen der Königlich Preußischen Regierung auszusprechen, daß ihr dieser Zusatz, das Amendement des Herrn Twesten, wenn es ungetheilt zur Annahme kommt, annehmbar sein würde. Wenn ich ausnahmsweise bei diesem Gegenstande eine solche Aeußerung thue, zu der ich in Uebereinstimmung mit dem Großherzoglich Hessischen Kommissar das Recht für gewöhnlich in diesem Stadium nicht in Anspruch nehme, so bin ich in diese Möglichkeit dadurch versetzt, daß ich aus der Ansicht der hier anwesenden Komissare die Ueberzeugung gewonnen habe, daß wir Aussicht haben, zu diesem Amendement die Zustimmung der übrigen Regierungen zu erlangen. Wir haben sie noch nicht, aber wir hoffen, sie zu gewinnen. Dagegen das Amendement Schaffrath würde, für die Königlich Preußische Regierung wenigstens nicht annehmbar sein.

Erklärung in Betreff des Twesten'schen Antrages einen Zusatz zu Art. 4 des Verfassungs-Entwurfs betreffend.

23. März.

(Die Abgeordneten Twesten und Schaffrath hatten zum Art. 4 Abänderungsanträge gestellt, der erstere, daß das Militair- und Marinewesen, so jedoch daß bei Gesetzesvorschlägen über das Militairwesen und die Kriegsmarine wenn im Bundesrathe eine Meinungsverschiedenheit stattfinde, die Stimme des Präsidenten den Ausschlag geben solle, falls sie sich für Aufrechthaltung der bestehenden Einrichtung ausspreche; der letztere, daß das Militair- und Marinewesen, das Bundesfinanzwesen, sowie die Abändernng und Auslegung der Bundesverfassung als Gegenstände der Bundesgesetzgebung bezeichnet werden möchten. Zuerst sprach der Abg. Wagener (Neustettin) für das Amendement Twesten, sodann der Abg. Michelis (Kempen) über seine Stellung zum Verfassungsentwurf, so daß ihm das Wort entzogen wurde, dann der Abg. Günther für das Amendement Schaffrath. Nach ihm erklärte Graf Bismarck:)

Ich kann die Aeußerung des Herrn Vorredners nur wiederholt bestätigen. Die verbündeten Regierungen haben keinen Zweifel darüber gehabt, daß eine Verfassungsänderung mindestens doch ein Akt der Gesetzgebung sei, und zwar ein ganz eminenter und einschneidender, der deshalb in Bezug auf den Bundesrath an die Erschwerung, die zwischen $1/2$ und $2/3$ liegt, geknüpft ist. Im Uebrigen sind wir bei der Berathung stets von der Voraussetzung ausgegangen, daß, wie zu jedem anderen Akte der Gesetzgebung, ein Votum des Reichstages, bei dem aber nach einfacher Mehrheit beschlossen werde, auch für eine Verfassungsänderung erforderlich sei.

Auch darin kann ich dem Herrn Vorredner nur beitreten, wenn er diesen Antrag in die Kategorie derjenigen zählt, die praktisch durchaus inhaltslos sind, deren Diskussion uns einen großen Theil unserer kostbaren Zeit raubt, deren Annahme, wenn sie erfolgte, die Annahme von Seiten der Regierungen immerhin in der Eigenschaft einer Fassungsänderung erschwert, ohne daß durch die Annahme eines solchen Zusatzes für irgend eine derjenigen Richtungen, welche überhaupt das Zustandekommen und zwar das baldige Zustandekommen einer Verfassung wollen, irgend ein Nutzen entstände.

Erkärung in Betreff des Art. 6 des Verfassungs-Entwurfs.
26. März.

(Nachdem in der 13. Sitzung des Reichstages eine Generaldiscussion über die Abschnitte III., IV. und V. des Verfassungsentwurfs stattgefunden hatte, wurde am folgenden Tage die Specialdiscussion eröffnet und kam daher zunächst Art. 6 zur Verhandlung. Der Abgeordnete Dr. Braun (Wiesbaden) und Michaelis (Stettin) hatten einen Antrag gestellt, in diesem Artikel die Beziehung auf den Bundestag wegzulassen, und der Abgeordnete v. Bockum-Dolffs beantragte, daß jeder Staat den Bundesrath beschicken sollte, als er nach dem Entwurf Stimmen führt. Dr. Braun und v. Bockum-Dolffs sprachen für ihre Anträge, v. Bincke (Hagen) dagegen Der Vorsitzende der Reichstagskommissarien erklärte.)

Jede Stimmvertheilu ng dieser Art hat nothwendig etwas Willkürliches. Sie so einzurichten, etwa wie im Reichstage, daß die Bevölkerung maßgebend wäre, ist hier natürlich eine Unmöglichkeit. Es würde dann auf Preußen eine solche Majorität fallen, daß die übrigen Regierungen gar kein Interesse hätten, sich daneben vertreten zu lassen. Es hat also nothwendig ein Stimmverhältniß gewählt werden müssen, welches eine Majorität außerhalb der preußischen Vota zuläßt. Die hier vorliegende Vertheilung hat einen ganz außerordentlichen Vorzug, der namentlich, jemehr Spielraum der Willkür geboten ist, um so schwerer ins Gewicht fällt, nämlich denjenigen, daß die Regierungen sich darüber geeinigt haben, was für einen andern nicht so leicht zu erreichen sein wird. Warum haben sie sich darüber geeinigt, m. Hrn.? weil hier eine zwar auch willkürliche Vertheilung vorliegt, die aber 50 Jahre alt ist, und an die man sich 50 Jahre lang gewöhnt hat. Es hat in den Wünschen der Regierungen gelegen, daß diesen Motiven gerade Ausdruck gegeben werde, daß sie beshalb, weil dieses Stimmverhältniß ein hergebrachtes ist, schon in rechtlicher Geltung bestanden hat, ihm beigetreten sind, nicht aber beshalb, weil sie hierin gerade eine richtige Vertheilung nach Macht, Einfluß und Bevölkerung gesehen hätten. Wir legen darauf Werth, daß dieser, wie der Herr Vorredner bereits bemerkte, jedenfalls unschädliche Zusatz beibehalten werde. Daß daraus eine subsidiaire Geltung des früheren Bundesrechts beducirt werden könnte, muß ich entschieden in Abrede stellen. Gerade wenn es hier nicht ausdrücklich erwähnt und dennoch genau die Stimmzahl des früheren Bundes-Plenums gewählt wäre, könnte man eher auf die Vermuthung kommen, daß im Allgemeinen das frühere Recht eine gewisse subsidiaire Bedeutung haben solle. Aber gerade weil es hier und nirgends wieder ausnahmsweise angezogen ist, fehlt dieser Vermuthung jeder Boden.

Erläuterung zu Art. 8 des Verfassungs-Entwurfs.
26. März.

(Der Art. 6 wurde in der ursprünglichen Fassung angenommen. Bei Art. 7 wurde ein vom Abgeordneten Laster vorgebrachter Abänderungsantrag genehmigt.
An der Diskussion über Art. 8, den die Abgeordneten Ausfeld und Genossen ganz gestrichen haben wollen, und zu dem der Abg. Zachariä den Abänderungsvorschlag eingebracht, statt „von dem Bundes-Feldherrn", vielmehr „von dem Bundespräsidium" zu setzen — betheiligten sich die Abgeordneten Bounés, Twesten, Rée, v. Bennigsen, Ausfeld und v. Hammerstein.
Der letztgenannte Abgeordnete wünschte über einige Stellen des Art. 8 eine Erläuterung, welche der Vorsitzende der Reichstags-Kommissarien dahin gab:)

Was den Ausdruck „dauernd" anbelangt, so ist derselbe dahin gemeint gewesen, daß dies nicht Ausschüsse sein sollen, die Einmal ad hoc zu einem bestimmten Zweck gewählt werden, sondern solche Ausschüsse, welche stets existiren sollen. Ob sie immer versammelt sein sollen, ob sie auch dann in Thätigkeit sein sollen, wenn der Bundesrath nicht versammelt ist, hängt von den Beschlüssen des Bundesrathes ab und von der Bedürfnißfrage. Der Bundesrath kann sehr wohl das Bedürfniß haben, daß langwierige vorbereitende Arbeiten, die aus diesen Ausschüssen hervorgehen, erledigt werden, ehe er in seiner vollen Anzahl zusammentritt, namentlich da die Mitglieder des Bundestages möglicherweise auch in ihrer engeren Heimath Geschäfte von Wichtigkeit haben können, so daß man mit ihrer Zeit sparsam umgehe. Es ist das fakultativ je nach den Beschlüssen des Bundesraths.

Ich glaube nicht, daß irgend wie eine formale Handhabe dazu gegeben sei, daß sich ein Ausschuß versammelte gegen den Beschluß des Bundesrathes, und das Präsidium nimmt nicht das Recht in Anspruch, diese Ausschüsse auf eigene Hand ohne den Willen des Bundesrathes zu berufen und tagen zu lassen.

Wenn der Herr Vorredner eine Deutlichkeit in den Ausdrücken ad 2 und 4 „Seewesen und Handel und Verkehr" vermißt hat, so glaube ich, hätte er sich die Frage schon selbst aus dem späteren Satz beantworten können, welcher sagt, daß die Mitglieder dieser beiden Ausschüsse zu 1 und 2 von dem Bundesfeldherrn ernannt werden. Ich glaube, der Herr Vorredner hat das auch selbst gefühlt, daß damit Nr. 2 beklarirt sei, daß es die Kriegsmarine sein soll. Daß zwischen der Kriegsmarine und denjenigen Behörden, die sich die Pflege für Handel und Verkehr angelegen sein lassen, also auch die Seeschifffahrt des Handels, viele Berührungspunkte und gemeinsame Geschäftsobjekte vorliegen, das erweist sich in diesem Einzelstaate aus den Berührungen zwischen Handels- und Marine-Ministerium, und ich glaube, wir sind hier nicht versammelt, um die Geschäfts-Ordnung des Bundesrathes und seiner Ansschüsse schon zu berathen.

Was ferner den Aenderungsantrag betrifft, statt „Bundes-Feldherr" „Bundes-Präsidium" zu setzen, so halte ich denselben für einen vollständig müßigen, für einen von denen, die, ich will nicht sagen, darauf berechnet sind, aber keinen anderen Erfolg haben, als uns unsere Zeit mit müßigen Fragen verlieren zu lassen, besonders wenn längere Reden gehalten werden. Der defensive Charakter unseres Gesammtbündnisses wird nicht durch solche kleine Worte beeinträchtigt, und große Staaten, die ein Urtheil darüber fällen, haben nicht die Gewohnheit der Sylbenstecherei.

(und demnächst:)

Ich habe mich vorhin wohl mißverständlich ausgedrückt.. Mit den Worten „in der Regel" habe ich nur sagen wollen, daß voraussichtlich die Thätigkeit dieser Ausschüsse hauptsächlich in die Periode fallen wird, wo auch der Bundesrath versammelt sein wird, was aber nicht ausschließt, daß je nach dem Bedürfniß die Ausschüsse auch — vorbereitende früher, ausarbeitende nach dem Schlusse der Sitzungen des Bundesraths — zusammenbleiben werden, und ich hob ferner nur hervor, daß es nicht die Absicht des Präsidiums sei, sich dieser Ausschüsse als eines Präsidialorgans ohne die Sicherheit der Uebereinstimmung des Bundesraths bedienen zu wollen.

Rede, den Art. 12. des Verfassungs-Entwurfs betreffend.
26. März.

(Der Art. 8 wurde dann in der ursprünglichen Fassung angenommen. Eben so Art. 9 und 10. Zu Art. 11 wurde auf Antrag des Abgeordneten Lette die Einschaltung der Worte: „und zu ihrer Gültigkeit die Genehmigung des Reichstages" genehmigt. Zu Art. 12 hatten die Abgeordneten Ausfeld, v. Bennigsen, Lasker und Kitz Abänderungsanträge gestellt. Nachdem die Abgeordneten Kitz und v. Bennigsen ihre Anträge befürwortet und v. Thielau gegen dieselben gesprochen, erklärte der Vorsitzende der Reichstagskommissarien:)

In so weit eine Verantwortlichkeit in der Unterzeichnung liegt, glaube ich, ist es für Ihren Zweck gleichgültig, ob diese Verantwortlichkeit von einer oder von mehreren Personen getragen wird; es ist nur der Wunsch ausgesprochen, daß überhaupt Personen designirt seien, an denen die Verantwortlichkeit haftet. Wenn ich dieses Amendement recht verstehe, so würde es bei seiner Annahme für die Preußische Regierung nicht fakultativ, sondern nothwendig sein, ihren Einfluß und ihre Stellung in dem Bundesrath dadurch zu schwächen, daß sie denselben nicht in einheitlicher, sondern in kollegialischer Form ausübte. Es würde gewissermaßen zwischen den verschiedenen Preußischen Bundesgesandten, etwa dem Bundeskanzler, der ja zu ihnen gehört, auf der einen Seite, und seinen militairischen Kollegen auf der andern vielleicht eine kollegialische Abstimmung noch nothwendig sein, um das Preußische Votum, welches ja nur einheitlich abgegeben werden kann, festzustellen und bei dieser kollegialischen Abstimmung könnte sich möglicher Weise der Bundeskanzler in der Minorität befinden, indem jeder der mit ihm konkurrirenden Preußischen Kollegen sich auf seine besondere und persönliche Verantwortlichkeit beriefe. Es ist Sache des Bundeskanzlers oder des ihm vorgesetzten Ministers des Auswärtigen, sich mit seinen Kollegen, den Preußischen Ministern, in derjenigen Fühlung zu erhalten, daß er in erheblichen politischen Fragen weiß, wie weit er im Bundesrath gehen kann, ohne daß er der Unterstützung des Preußischen Gesammt-Ministeriums, zu dem er gehört, verlustig geht. Aber die Instruction des Bundeskanzlers kann meines Erachtens nur vom Preußischen Minister der auswärtigen Angelegenheiten ausgehen, oder der letztere muß selbst der Bundeskanzler sein.

Sie berühren da tiefgehende Fragen über das innere Räderwerk eines kollegialisch zusammengesetzten Ministeriums; ich würde mich außer Stande fühlen, auf dieses ganze Werk einzugehen und dabei Preußischer auswärtiger Minister zu bleiben, wenn ich nicht sicher wäre, daß die Instruction des Bundeskanzlers zu meinem Ressort als auswärtiger Minister gehörte und nicht erst Gegenstand kollegialischer Abstimmung zwischen meinen Kollegen und mir zu sein hätte. Ich würde nur dem Könige Vortrag über diese Instructionen zu halten haben und Er. Majestät darüber verantwortlich werden, was ja nicht ausschließt, daß ich selbst wissen muß, wie weit ich in dieser Richtung gehen kann, ohne die allgemeine Uebereinstimmung mit meinen übrigen Kollegen zu verlieren. Dieses Prinzip aber, daß die Preußische Stimmenabgabe innerhalb des Bundesstaates allein von dem auswärtigen Ministerium abhängt, wird meines Erachtens durch diesen Zwang, die Stimme gewissermaßen kollegialisch auszusprechen, wesentlich alterirt. Ich möchte darum bitten, bei diesem Amendement noch zu scheiden zwischen einem Ausdruck für die Verantwortlichkeit, die der Bundeskanzler durch seine Unterzeichnung übernimmt, wofür, wie mir scheint, vielseitig die Neigung ist zu stimmen. Ich kann mich auch dafür nicht erklären, denn es ist immer eine Fassungsänderung, von der ich nicht weiß, welche Tragweite ihr die übrigen Regierungen geben. Aber ich halte es für lange nicht so schlimm, wie Sie auch aus den Aeßerungen des Herrn Vorredners vom Standpunkte der Bundesregierung aus gefunden haben, als wenn ein kollegialisch organisirtes Preußisches Ministerium, sei es das bestehende, sei es ein paralleles, hineingetragen wird in die Mitte des Bundesraths, und im letzteren Falle sind nicht nur die Bedenken der uns verbündeten Regierungen gerechtfertigt, sondern Sie schaffen geradezu einen schwierigen Fall zwischen mir, als auswärtigem Minister, und meinen Preußischen Kollegen, mit welchen ich innerhalb des Bundesrathes nicht konkurriren kann.

(Der Abgeordnete Windhorst bemerkte, es handle sich jetzt um die Construction der Regierung: diese müsse verantwortlich sein. Der Abg. Twesten meinte, es könne kaum einem Bedenken unterliegen, auch auszusprechen, daß neben dem Kanzler auch die übrigen Chefs der Verwaltungszweige verantwortlich seien.

Der Präsident der Reichstags-Kommissarien:)

Ich hatte es allerdings so verstanden, daß mit diesen Chefs der Verwaltungszweige Preußische Mitglieder des Bundesraths gemeint sein sollten, wie es denn in der Intention liegt, diese Preußischen Mitglieder des Bundesraths, die man auf 17 treiben darf, aber nicht treiben wird, in den verschiedenen Zweigen der Verwaltung zu wählen, und zwar in den höheren Stellungen, damit der Bundesrath in seinem Schooße mit den nothwendigen technischen Kenntnissen ausgestattet ist. Wenn dies aber nicht der Fall sein sollte, wenn hiermit Beamte gemeint sind, die außerhalb des Bundesrathes stehen, dann scheint mir der Antrag in sehr enger Verwandtschaft und fast Identität mit dem schon abgelehnten Antrage eines unitarischen Bundesministerii zu stehen, und dem stehen alle die Bedenken entgegen, welche schon vorher erörtert sind. Ich will nur Eins noch hervorheben, was noch nicht so scharf hervorgehoben ist. Sie würden mit einem solchen Bundes-Finanzminister, z. B. den Königlich Sächsischen, den Großherzoglich Hessischen u. s. w. Finanzminister mediatisiren, und ihn zu einem Unterbeamten des Bundes-Finanzministers machen. Das thun die Regierungen nicht, meine Herren, und wir haben keine Nothwendigkeit, etwas von ihnen zu verlangen, wenn dadurch eher unser ganzes Werk in Gefahr gerathen könnte, als daß wir diese Konzession erreichen, welche zu fordern die Königlich Preußische Regierung weder den Willen, noch die Berechtigung hat.

(Der Zusatz v. Bennigsen zu Art. 12 wurde angenommen, dann aber der Artikel mit diesem Zusatze verworfen. Die Art. 13, 14, 15 wurden dann in der ursprünglichen Fassung genehmigt. Zu Art. 16 brachte der Abgeordnete v. Bethusy-Huc den Art. 12 verändernd als Verbesserungsantrag ein und v. Bennigsen sein zu demselben gestelltes Amendement.
Der Abg. v. Blankenburg sprach für die Annahme des Antrags Bethusy-Huc; der Abg. v. Bennigsen befürwortete sein Unter-Amendement, welches er bereits als einen Zusatz des Art. 12 beantragt hatte. Hierauf nahm das Wort der Vorsitzende der Reichstags-Kommissarien:)

M. H.! Ich wende mich vorzugsweise an Diejenigen unter uns, die, wie der Herr Vorredner den ernsten Willen haben, auf der Basis der Vorlage etwas zu Stande zu bringen. Daß es deren unter uns giebt, die das nicht wollen, haben wir von der Tribüne gehört; ich verletze dadurch Niemand. Die erstgenannten Herren möchte ich aber doch bitten, mir eine Aufklärung zu geben über die Motive ihres formalen Verhaltens. Anträge, die Sie stellen, im Interesse der Erweiterung einer unitarischen Herrschaft, der Erweiterung des präsidialen Einflusses der Preußischen Monarchie können doch nur zwei Voraussetzungen zum Grunde haben. Entweder sind Sie der Meinung, daß wir — ich spreche hier von der Preußischen Regierung — nicht in der Lage oder nicht fähig gewesen sind, das richtige Maß dessen, was wir erstreben können, erstreben dürfen, erreichen können, zu beurtheilen, und daß Sie besser in der Lage sind, dies zu beurtheilen und hoffen, uns darüber zu belehren. Ich kann diese Auffassung mit dem Vertrauen, was von so vielen verschiedenen Seiten auf die richtige Leitung der Preußischen auswärtigen Angelegenheiten bisher ausgesprochen worden ist, nicht in Einklang bringen. Wir haben in sehr ernsten Zeiten, unter sehr schwierigen Verhältnissen, unter gefahrvollen Kämpfen diese Sache so weit geführt, bis zu einem Punkte, dem Sie Ihre volle Anerkennung gezollt haben. Nun spricht aus diesen Amendements aber doch die Ueberzeugung, wir hätten das entweder nicht erstrebt oder erreicht, was wir zur Perfection der Consolidirung hätten erstreben oder erreichen können; oder es ist etwas Anderes. M. H.! Sie halten uns für schüchterne, verlegene Leute, die ermuthigt werden müssen, denen man eine douce violence anthun müsse, damit sie sich entschließen, das zu fordern, was sie im Grunde ihres Herzens eigentlich selbst wünschen. Ich kann Ihnen auf das Bestimmteste erklären, daß dem nicht so ist. Wir haben uns die Grenze unserer Ansprüche an die Opfer, die von den übrigen Regierungen zu bringen wären, daran gestellt, wo ich sie heute öfter bezeichnet habe, in dem, was uns unentbehrlich schien zur Führung eines nationalen Gemeinwesens. Dies glauben wir erreicht zu haben, wir glauben, daß die Mittel dazu ausreichen. Der Herr Vorredner hat nun gesagt, daß sein Amendement die Befugnisse der Preußen verbündeten Regierungen nicht beeinträchtige und nicht beeinträchtigen könne. Zuerst muß ich zu erwägen geben, daß darüber diese Regierungen selbst die besten Richter sind; zweitens, daß man ihnen, wenn sie eine Beeinträchtigung darin finden, nicht überzeugend widersprechen kann. Sie schaffen eine den Ministerien und höchsten Regierungen der einzelnen Bundes=länder vorgesetzte Spitze und Behörde außerhalb des Bundesraths. Innerhalb des Bun=desraths findet die Souverainetät einer jeden Regierung ihren unbestrittenen Ausdruck. Dort hat jede ihren Antheil an der Ernennung des gewissermaßen gemeinschaftlichen Ministeriums, welches, neben anderen Functionen, auch der Bundesrath bildet. Dieses Gefühl der unverletzten Souverainetät, welches dort seine Anerkennung findet, kann nicht mehr bestehen neben einer contrasignirenden Bundesbehörde, die außerhalb des Bundes=rathes aus preußischen oder anderen Beamten ernannt wird, und es ist und bleibt eine capitis deminutio für die höchsten Behörden der übrigen Regierungen, wenn sie sich als Organe, gehorsamleistende Organe einer vom Präsidium außerhalb des Bundesrathes ernannten höchsten Behörde in Zukunft ansehen sollten. Glauben Sie nicht, daß wir die Frage nicht erwogen haben, ob die übrigen Regierungen diesen Anflug von einer Ver=minderung ihrer Souverainität auf sich nehmen wollen. Wir haben über die Frage, ob die Ministerien der Einzelstaaten, namentlich die Kriegs= und Finanz=Ministerien u. s. w. bleiben würden, Wochen lang verhandelt. Unsere Arbeit ist keine leichte gewesen, und Sie können leicht ermessen, mit welchem Eindruck wir nach unsern schweren und erschöpfenden Arbeiten hier Amendements hören, die von Allem, was wir gethan und geleistet haben, abstrahiren, von dem in der Geschichte unerhörten Fall, daß die Regierungen von 30 Millionen Deutschen sich nicht blos dem Wortlaute nach, wie bei der alten Bundesakte, sondern auch dem Geiste nach über einen solchen Entwurf geeinigt haben, keine Notiz nehmen. Ich möchte Sie doch bitten, den Einfluß der Regierungen, die Nothwendigkeit ihrer Mitwirkung beim Zustandekommen des Werkes, nicht zu unterschätzen. Wir kommen sonst auf denselben Weg, den wir in den Jahren 1848—1850 gewandelt sind. Damals waren die Regierungen minder stark und hatten geringeres Selbstgefühl als heute. Trotz=dem ist es damals nicht gelungen, den wohlwollendsten und vielleicht theoretisch richtigsten Gedanken für nationale Einigung Anerkennung zu schaffen, weil das Einverständniß der Regierungen fehlte. Wenn es sich nur darum handelt, Amendements zu stellen, so könnte ich selbst deren fünfzig einbringen. Sie haben nur den Fehler, daß sie früher bereits abgeworfen sind oder von Hause aus keine Aussicht auf Annahme haben, oder daß sie nicht verstanden werden und die Preußischen Bestrebungen verdächtigen könnten. Deshalb behalte ich sie für mich, weil mir mehr am Zustandekommen des Ganzen, als am Durch=setzen meiner persönlichen Meinung liegt. Wenn ich Sie gebeten habe, die Nothwendigkeit des Zusammengehens mit den Regierungen nicht zu unterschätzen, so bin ich zu der Ueber=zeugung, daß dies bisher der Fall ist, sehr wohl berechtigt. Es sind bisher gegen 90 Amendements gestellt, und ich kann hier versichern, daß bisher und zwar zum ersten Male vorgestern ein einziger der Herren Amendementssteller, einer von der konservativen Seite, es der Mühe werth hielt, vorher, ehe er sein Amendement einbrachte, an mich die beiläu=fige Frage zu richten, wie denn die Regierungen sich zu diesem Amendement stellen wür=den. Die übrigen Amendements sind in vollständiger und freimilliger Unbekanntschaft mit dem, was die Regierungen gewünscht, erstrebt und verhandelt haben, gestellt worden, und ich kann in Bezug auf das vorliegende, dessen Tendenz mir vollständig klar ist, und wel=ches ich von neuem seit gestern Gelegenheit gehabt habe, mit den anwesenden Bundes=kommissarien zu besprechen, die Versicherung im Namen sämmtlicher Regierungen wieder=holen, daß dieses Amendement für sie vollständig unannehmbar ist und es das ernsteste Hinderniß für das Zustandekommen der Verfassung bilden würde, wenn das Amendement angenommen würde und bliebe.

(Der Abgeordnete Graf Bethusy-Huc begründete sein Amendement. Der Abg. Walbeck sprach für die Annahme des Unterantrags Bennigsen; der Abg. v. Thielau gegen dieselbe. Der Abg. Lasker empfahl seinen Unter-Antrag. Nach ihm ergriff das Wort der Vorsitzende der Reichstags-Kommissarien.)

Die Verantwortlichkeit der Preußischen Ministerien bleibe nach der Einführung des Bundes-Verfassungsentwurfs dieselbe wie vor dieser Einführung. Daß er der Freiheit des Volkes, der Freiheit der Individuen feindlich gegenüberstehe — sei nicht richtig. Jede ehrliche Regierung habe die Pflicht, die größtmögliche Freiheit des Volkes, soweit solche mit der Sicherheit des Staats verträglich sei, jeder Zeit zu erstreben.

***

(Der Abgeordnete Ellissen sprach für das Unteramendement Bennigsen; ebenso der Abg. Schulze und der Abg. Miquel. Der Vorsitzende der Reichstags-Kommissarien nahm hierauf das Wort:)

Der größte Theil der Aeußerungen des Herrn Vorrebners bestätigt nur die Richtigkeit dessen, was ich vorher über das Bedürfniß sagte, daß diejenigen Herren, die etwas zu Stande bringen wollen und Amendements nicht stellen, um aufzuhalten oder um gewissermaßen nach einem vulgären Ausdruck die Suppe zu versalzen, daß diese Herren, die etwas zu Stande bringen wollen, bevor sie einschneidende, bedeutsame Amendements stellen, doch bei irgend einem der Kommissarien sich erkundigten, wie die Stellung der Regierungen dazu ist. Wir würden dann eine Menge von Mißverständnissen und unter Umständen auch von mißverständlichen Abstimmungen vermeiden.

Ich kann dem Herrn Vorredner nur versichern, daß ich in dem einen Theile, den er von der Rede des Herrn von Thielau reproduzirt hat, wesentlich mit Herrn von Thielau einverstanden bin. Der ganzen Rede bin ich, weil ich ein augenblicklich bringendes Geschäft schriftlich zu besorgen hatte, nicht im Stande gewesen, zu folgen, aber darin bin ich mit derselben einverstanden, daß die Verantwortlichkeit der preußischen Ministerien genau dieselbe bleibt, wie vorher. Ich glaube auch, mich gestern in meiner letzten oder vorletzten Aeußerung eben dahin ausgesprochen zu haben, indem ich sagte, ich müßte als preußischer Minister der auswärtigen Angelegenheiten darauf bestehen, daß ich entweder selbst der Bundeskanzler bin, oder daß die Instruction des Bundeskanzlers ausschließlich von mir abhängt. Wenn ich nun diese ausschließliche Berechtigung in dem Sinne mißbrauchen wollte, daß meine gleich mir verantwortlichen und auf die Verfassung vereidigten preußischen Kollegen mir sagten: „Da können wir nicht folgen", dann würde ich, da es unmöglich ist, daß ich demselben König und Herrn, der mich als preußischen Minister ernannt, in meiner Eigenschaft als Instruktor des Bundeskanzlers oder als Bundeskanzler, den Gehorsam aufkündigte, ich würde mich entweder der Majorität meiner Kollegen im preußischen Ministerium zu fügen haben bei meinen Instructionen an den Bundeskanzler, oder ich würde nach anderen Kollegen suchen müssen, die die Verantwortlichkeit für das Verhalten des Bundeskanzlers mit übernehmen. Daß in wichtigen Angelegenheiten, z. B. bei neuen Gesetzen, die preußische Stimme im Bundesrathe abgegeben würde, ohne die übrigen in Preußen verantwortlichen Ressortchefs zu fragen, ist nicht denkbar; ja die letzteren würden, wenn nicht direkt, doch jedenfalls durch ihre Untergebenen, wie ich das gestern schon angedeutet, durch höhere Beamte ihres Ressorts, im Bundesrathe vertreten sein, und würden auf die Formulirung des preußischen Votums durch diese ihre Organe ihren Einfluß üben können. Nur könnte ich mir als auswärtiger Minister nicht gefallen lassen, daß nun diese mit dem Bundeskanzler zusammensitzenden Vertreter der übrigen Ressortchefs oder — auf diesen Unterschied kommt es mir nicht an — außerhalb des Bundesraths sich befindenden Vertreter der Ressortschaft, auch mit dem Rechte einer verantwortlichen Contrasignatur ausgestattet würden und dem Bundeskanzler sagen könnten: diesem Votum stimmen wir nicht bei, denn es ist mit unserer persönlichen Verantwortlichkeit nicht verträglich. Die Austragung der Streites über solche Fragen muß innerhalb des preußischen Ministeriums, wie es jetzt da ist, und muß außerhalb der Enceinte des Bundesraths stattfinden. Daß daraus folge, daß in Preußen oder in jedem andern Bundesstaate die gesetzliche Gültigkeit der Bundesgesetze noch einer besonderen Zustimmung bedürfe, das kann ich nicht zugeben, sie werden nach der Art, wie sie in dem Bundesrath zu Stande kommen, getragen sein von der Verantwortung, die das preußische Ministerium dem preußischen Lande gegenüber hat, denn es ist, wie gesagt, undenkbar, daß das Verhalten des Bundes-Kanzlers dauernd und in wichtigen Fragen des Einverständnisses des preußischen Ministeriums entbehren könnte. Dies wäre nur denkbar in dem Falle, daß Preußen in der Minorität geblieben wäre, daß Preußen in dieser Minorität des Bundesrathes sich befindend, auch vor dem Reichstag seine Ansicht vergebens vertheidigt hätte und auch im Reichstag in der Minorität geblieben wäre, dann tritt allerdings möglicherweise ein Bundesgesetz in Kraft, für welches das preußische Ministerium nicht geneigt gewesen ist, die Verantwortung zu übernehmen, und gegen welches es deshalb votirt hat; es würde aber dann von dieser Verantwortung gewissermaßen losgesprochen sein durch diese preußischen Reichstags-Abgeordneten, die ihrerseits die Majorität für das Gesetz hergestellt hätten, trotz des Widerspruchs der preußischen Regierung, jedenfalls aber bliebe dann dem preußischen Ministerum übrig: wenn es sich nicht fügen will, durch das Präsidium eine Auflösung des Reichstags zu extrahiren. Ich glaube, das ist ein ganz regelmäßiges Spiel konstitutioneller Einrichtungen und die Verantwortlichkeit für irgend etwas, was innerhalb des Bundes zu geschehen hat, wird gegen das, was jetzt davon vorhanden ist, in keiner Weise vermindert. Dasselbe Raisonnement läßt sich auf die Ministerien der übrigen Bundesstaaten anwenden, nur mit dem Unterschiede, daß sie nicht dieselbe erhebliche Stimmzahl, dieselbe Majorität von engeren Landsleuten in dem Reichstag haben, die ihnen die Chancen giebt, gerade ihre Meinung durchzubringen. Dadurch aber haben die verbündeten Regierungen meines Erachtens schon diejenigen Opfer gebracht, welche man rechtmäßiger Weise von ihnen fordern darf, weil ein größeres für den zu erreichenden Zweck nicht nothwendig ist. Ich glaube, ich habe das Bedenken schon widerlegt, daß keine Verwaltung des Bundes-Präsidiums stattfinden würde; meine Bedenken liegen nicht in der Richtung. Sie richten sich dagegen, daß ich es nicht — doch das ist eins der untergeordneten Bedenken — acceptiren kann, die Zahl derjenigen Kollegen, — denn solche würden es für mich werden, — mit denen ich die Verantwortung zu theilen hätte, zu vermehren und dadurch die Arbeit zu vermehren, die in der That nicht klein ist, wenn es sich handelt, zwischen acht Ministern, die ehrlich an ihrer Ueberzeugung hängen, eine Uebereinstimmung herzustellen. Sollte ich noch mit anderen zur Contrasignatur berechtigten Beamten eines anderen Ministeriums dieselbe Verantwortung theilen, so würde mit das zuviel. Der Herr Vorredner hat ferner mir zwar schmeichelhaftes Vertrauen für die auswärtige Politik, aber gemäßigtes Mißtrauen in Bezug auf meine Vorliebe für die Entwickelung der Volksfreiheit ausgesprochen. Er thut mir, glaube ich, in letzter Beziehung Unrecht. Ich habe niemals in meinem Leben gesagt, daß ich der Volksfreiheit mich feindlich entgegenstellte, sondern nur gesagt und natürlich unter der Voraussetzung „rebus sic stantibus", meine Interessen an den auswärtigen Angelegenheiten sind nicht nur stärker, sondern zur Zeit allein maßgebende und fortreißende, so daß ich, so viel ich kann, jedes Hinderniß durchbreche, welches mir im Wege steht, um zu dem Ziele zu gelangen, welches, wie ich glaube, zum Wohle des Vaterlandes erreicht werden muß. Das schließt nicht aus, daß auch ich die Ueberzeugung des Herrn Vorredners theile, daß den höchsten Grad von Freiheit des Volkes, des Individuums, der mit der Sicherheit und gemeinsamen Wohlfahrt des Staates verträglich ist, jederzeit zu erstreben, die Pflicht jeder ehrlichen Regierung ist.

Rede über das allgemeine Wahlrecht.
28. März.

(Zu dem Art. 21 des Verfassungs-Entwurfs, der das Wahlrecht zum Reichstage betrifft und zu welchem eine Reihe von Abänderungsanträgen eingebracht waren, ergriff zuerst das Wort der Abgeordnete Eichholz, welcher sich für das allgemeine Wahlrecht und die Wählbarkeit der Beamten erklärte; nach ihm sprach der Abg. Dr. Friedenthal, welcher die Furcht vor dem Cäsarismus bekämpfte, der durch das allgemeine Wahlrecht begründet werde, der Abg. Weber, für das allg. Wahlrecht und gegen den Ausschluß der Beamten. Der Abg. Thilsen gegen die Errichtung eines Oberhauses, der Abg. v. Zehmen für die Wählbarkeit der Beamten, der Abg. Wagener (Neustettin) gegen die Wahl der Beamten, namentlich gegen die der Geistlichen und Richter, der Abg. v. Below besonders gegen die Zahlung von Diäten, der Abg. Grumbrecht über die Bedenklichkeit des allg. Wahlrechts und für die Wählbarkeit der Beamten, Windthorst gegen den Ausschluß irgend einer Beamten-Klasse und für die Errichtung eines Oberhauses, Planck gegen die Bildung eines Oberhauses, v. Sybel gegen das allg. Wahlrecht und für das Dreiklassensystem. Nach demselben ergriff der Vorsitzende der Reichstags-Kommissarien das Wort, nachdem inzwischen der Antrag des Grafen v. b. Schulenburg eingebracht war, welcher den Ausschluß der Geistlichkeit und Richter von der Wählbarkeit forderte.)

Da ich höre, daß bereits Schlußanträge vorliegen, so will ich mit wenig Worten die Stellung der verbündeten Regierungen zu diesem Artikel präzisiren. Das allgemeine Wahlrecht ist uns gewissermaßen als ein Erbtheil der Entwickelung der deutschen Einheitsbestrebungen überkommen; wir haben es in der Reichsverfassung gehabt, wie sie in Frankfurt entworfen wurde, wir haben es im J. 1863 den damaligen Bestrebungen Oesterreichs in Frankfurt entgegengesetzt, und ich kann nur sagen: ich kenne wenigstens kein besseres Wahlgesetz. Es hat ja gewiß eine große Anzahl von Mängeln, die machen, daß auch dieses Wahlgesetz die wirkliche besonnene und berechtigte Meinung eines Volkes nicht vollständig photographirt und en miniature wiedergiebt und die verbündeten Regierungen hangen an diesem Wahlgesetz nicht in dem Maße, daß sie nicht jedes andere acceptiren sollten, dessen Vorzüge vor diesem ihnen nachgewiesen werden. Bisher ist diesem kein einziges gegenüber gestellt worden. Ich habe nicht einmal kursorisch im Laufe der Rede ein anderes Wahlgesetz diesem gegenüber rühmen hören; ich will damit nur motiviren, daß „verbündete Regierungen", die gewissermaßen eine republikanische Spitze, die in dem Worte „verbündete Regierungen" liegt, bilden, keineswegs ein tief angelegtes Komplot gegen die Freiheit der Bourgeoisie in Verbindung mit den Massen zur Errichtung eines cäsarischen Regiments beabsichtigt haben können. Wir haben einfach genommen, was vorlag und wovon wir glaubten, daß es am leichtesten annehmbar sein würde, und weitere Hintergedanken nicht dabei gehabt. Was wollen denn die Herren, die das anfechten, und zwar mit der Beschleunigung, deren wir bedürfen, an dessen Stelle setzen? Etwa das preußische Dreiklassensystem? Ja, meine Herren, wer dessen Wirkung und die Constellationen, die es im Lande schafft, etwas in der Nähe beobachtet hat, muß sagen, ein widersinnigeres, elenderes Wahlgesetz ist nicht in irgend einem Staate ausgedacht worden, ein Wahlgesetz, welches alles Zusammengehörige auseinanderreißt und Leute zusammenwürfelt, die nichts miteinander zu thun haben, in jeder Kommune mit anderem Maße mißt, Leute, die irgend einer Gemeinde weit über die erste Klasse hinausreichen, diese allein ausfüllen würden, in einer benachbarten Kommune in die dritte Klasse wirft, in Gemeinden, wo beispielsweise 3 Besitzer, jeder ungefähr 200 Thlr. Steuern bezahlen, deren zwei in die erste Klasse und den dritten, der sieben Silbergroschen weniger bezahlt, in die zweite verweist, wo seine Mitwähler mit 5 Thlr. Steuern anfangen, und von den bäuerlichen Besitzern mit 5 Thlr. Steuern kommt wieder eine gewisse Anzahl zu 2, plötzlich zwischen Hans mit 4 Thlr. 7 Sgr. und Kunz mit 4 Thlr. 6 Sgr. reißt die Reihe ab, und die anderen werden mit dem Proletariat zusammengeworfen. Wenn der Erfinder dieses Wahlgesetzes sich die praktische Wirkung desselben vergegenwärtigt hätte, hätte er es nie gemacht. Eine ähnliche Willkürlichkeit und zugleich eine Härte liegt in jedem Census, eine Härte, die da am fühlbarsten wird, wo dieser Census abreißt, wo die Ausschließung anfängt; wir können es dem Ausgeschlossenen gegenüber doch wirklich schwer motiviren, daß er deshalb, weil er nicht dieselbe Steuerquote wie sein Nachbar zahlt — und er würde sie gern bezahlen, denn sie bedingt ein größeres Vermögen, das hat er aber nicht — er gerade Zelot und politisch tobt in diesem Staatswesen sein solle. Diese Argumentation findet überall an jeder Stelle Anwendung, wo eben die Reihe derer, die politisch berechtigt bleiben sollen, abgebrochen wird.

Auf ständische Wahlrechte zurückzugreifen, hat noch Niemand vorgeschlagen, und ich erwähne sie nur, um die Richtigkeit einer vorhin hier ausgesprochenen Meinung zu bestätigen, daß im Ganzen jedes Wahlgesetz unter denselben äußeren Umständen und Einflüssen ziemlich gleiche Resultate giebt. Ich glaube, wenn wir heute auf der Basis des vereinigten Landtages mit zehnjährigem Grundbesitz wählten, würden wir ungefähr dieselbe Vertretung haben, und die Gesammtbestände der Vertretungen Deutschlands haben seit meiner parlamentarischen Laufbahn, seit 1847 nicht gewechselt, ich habe immer dieselben alten, zum Theil lieben, zum Theil kampfbereiten Gesichter mir gegenüber gesehen. Ich halte die Frage für offen, bis wir Jemand überzeugend darthut, daß ein anderes Wahlgesetz besser ist und freier von Mängeln, als das im Entwurf vorgelegte und im Besitze besonderer Vorzüge, die dieses nicht hat; die Frage ist diskutirbar; aber ich glaube, wenn wir uns in ihre Diskussion vertieften, würden wir die ganzen Bibliotheken, die über diese Frage im Laufe der letzten dreißig Jahre geschrieben worden sind, hier durchdiskutiren, und würden uns doch schwer einigen. Ein Vorwurf ist dem Wahlgesetz aus dem Hause deshalb gemacht, weil es direkte Wahlen und nicht indirekte vorschreibt; meiner Ueberzeugung nach bilden aber die indirekten Wahlen an sich eine Fälschung der Wahlen, der Meinung der Nation. Es läßt sich das schon aus einem einfachen Rechen-Exempel, welches ich schon vor 20 Jahren aufgestellt habe und hier wiederhole, darlegen: Wenn man annimmt, daß die Majorität in jeder Stufe der Wahl nur eins über die Hälfte zu sein braucht, so repräsentirt der Wahlmann schon nur einen Urwähler mehr als die Hälfte; der Abgeordnete repräsentirt nur einen Mann über die Hälfte der Wahlmänner, deren Gesammtheit ja schon nur etwas über die Hälfte der Urwähler repräsentirt; der Abgeordnete, wenn nicht sehr große Majoritäten überall thätig gewesen sind, ich nehme den schlimmsten Fall an, mit sehr kleiner, repräsentirt mit mathematischer Sicherheit bei den indirekten Wahlen nur etwas über ein Viertel der Urwähler, und die Majorität der Abgeordneten in dem Falle nur etwas über ein Achtel des Ganzen. Von diesen unvermeidlichen Halbirungsstufen scheiden wir bei direkten Wahlen die eine gänzlich aus.

Dann habe ich stets in dem Gesammtgefühl des Volks noch mehr Intelligenz als in dem Nachdenken des Wahlmannes bei dem Aussuchen des zu Erwählenden gefunden, und ich apellire an die ziemlich allgemeine Erscheinung, — ich weiß nicht, ob die Herren meine Wahrnehmungen alle theilen; aber ich habe den Eindruck, daß wir bei dem direkten Wahlrechte bedeutendere Kapazitäten in das Haus bringen, als bei den indirekten. Um gewählt zu werden bei dem direkten Wahlrechte, muß man in weiteren Kreisen ein bedeutenderes Ansehen haben, weil das Gewicht der lokalen Gevatterschaft bei den Wählen nicht so zur Geltung kommt in den ausgedehnten Kreisen, auf die es bei direkter Wahl ankommt. Ich hoffe, das hohe Haus wird für die indirekte Schmeichelei, die ich hierdurch ausdrücke, empfänglich sein. Was nun den Antrag auf Errichtung eines Oberhauses betrifft, so kann er an und für sich im Prinzip ja nur jedem Konservativen willkommen sein. Es ist ein Hemmschuh, der an der Staatsmaschine angebracht wird, um auf abschüssigen Stellen ein zu rasches Fortgleiten zu hindern; es ist eine stärkere Betheiligung derjenigen, die etwas zu verlieren haben an dem Staatswesen, derer, die nicht geneigt sind, auf Kosten und Gefahr des Staates zu hoch zu spielen, weil der eigene Einsatz zu stark ist. Es ist die Uebertragung eines der wesentlichsten Vorzüge der englischen Einrichtungen auf unsere Zustände, eines Vorzuges, den ich darin suche, daß es in England eine große Anzahl annähernd Königlicher Existenzen giebt, ich will näher erläutern, was ich darunter verstehe: gänzlich desinteressirte Existenzen, die auf dieser Welt eigentlich nichts Erhebliches zu wünschen haben, was sie verleiten könnte, anders als nach ihrer wohlbedachten ruhigen Ueberzeugung vom Besten des Staatswohls zu urtheilen, ich will lieber sagen, befriedigter Existenzen, denen der Trieb fehlt, auf dem politischen Gebiete die Befriedigung sozialer und finanzieller Bestrebungen zu suchen. Das halte ich für einen außerordentlichen Vorzug der englischen Zustände: Man experimentirt dort nicht so leicht, weil diejenigen, die dort experimentiren sollen, zusammen einen gewaltig hohen Einsatz von Vermögen und Wohlsein zu verlieren haben.

Nichts desto weniger haben wir nicht geglaubt, die schon komplizirte Maschinerie der Verfassung, die wir vorgelegt haben, durch die Einschiebung eines dritten, oder wenn Sie wollen, vierten Gliedes noch schwerfälliger zu machen.

Es ist mir an und für sich nicht leicht, mir ein deutsches Oberhaus zu denken, das man einschieben könnte zwischen den Bundesrath, der, ich wiederhole es, vollkommen unentbehrlich ist, als diejenige Stelle, wo die Souverainität der Einzelstaaten fortführt ihren Ausdruck zu finden, — das man also einschieben könnte zwischen diesem Bundesrath und diesem Reichstage, ein Mittelglied, welches dem Reichstage in seiner Bedeutung auf der sozialen Stufenleiter einigermaßen überlegen wäre, und dem Bundesrathe und dessen Vollmachtgebern hinreichend nachstände, um die Classification zu rechtfertigen. Wir würden in der Versammlung nicht souveraine Pairs-Mitglieder haben, die ihrerseits geneigt sind, zu rivalisiren mit den mindermächtigen Souverainen in ihrer sozialen Stellung. Der Bundesrath repräsentirt bis zu einem gewissen Grade ein Oberhaus, in welchem Se. Maj. der König von Preußen primus inter pares ist, und in welchem derjenige Ueberrest des hohen deutschen Adels, der in seiner Landeshoheit bewahrt hat, seinen Platz findet. Dieses Oberhaus nun dadurch zu vervollständigen, daß man ihm nicht souveraine Mitglieder beifügt, halte ich praktisch für zu schwierig, um die Ausführung zu versuchen. Dieses souveraine Oberhaus aber in seinen Bestandtheilen außerhalb des Präsidiums so weit herunterzudrücken, daß es einer Pairskammer ähnlich würde, die von unten her vervollständigt werden könnte, halte ich für unmöglich, und ich würde niemals wagen, das einem Herrn gegenüber, wie der König von Sachsen ist, auch nur anzudeuten.

Der hauptsächliche Grund aber, warum wir nicht keine Theilung des Reichstages in zwei Häuser vorgeschlagen haben, liegt immer in der zu starken Komplizirung der Maschine. Die Gesetzgebung des Bundes kann schon durch einen anhaltenden Widerspruch zwischen dem Bundesrathe und dem Reichstage zum Stillstand gebracht werden, wie das in jedem Zweikammersystem der Fall ist; aber bei einem Dreikammersystem — wenn ich einmal den Bundesrath als Kammer bezeichnen darf — würde die Möglichkeit, die Wahrscheinlichkeit dieses Stillstandes noch viel mehr liegen, wir würden zu schwerfällig werden.

Da ich einmal das Wort habe, so bemerke ich noch Einiges über den Schlußpassus des Artikels, nämlich den Ausschluß der Beamten. Diese Bestimmung hat ihren Grund in den mannichfachen Uebelständen, die mit der Betheiligung der Beamten an den öffentlichen Verhandlungen zweifellos verbunden sind und die hier von der Tribüne her schon berührt worden sind. Als einen derselben, der hier noch besonders maßgebend hat sein können, bezeichne ich die Besorgniß, daß Beamte zu sehr geneigt sein möchten, den partikularistischen Regungen derjenigen Bundesregierung, der sie dienen, Ausdruck zu geben in der Versammlung. Die andern Gründe dagegen sind mehr allgemeiner Natur, und für mich mein Hauptgrund ist die Lockerung der Disziplin in dem Beamtenstande. Je mächtiger die parlamentarischen Einflüsse auf das Staatsleben einwirken, desto nothwendiger ist meines Erachtens eine straffe Disziplin in dem Beamtenstande. Wir haben in Preußen augenblicklich gewissermaßen zwei Verfassungen, die nebeneinanderlaufen: wir haben die alte Constitution des Absolutismus, die ihre Schutzwehr gegen Willkür in der Unabsetzbarkeit der Beamten fand, und wir haben die moderne constitutionelle Verfassung, mit welcher in fast allen Ländern diese Unabsetzbarkeit der Beamten unverträglich gedacht wird.

Wir — wenn ich sage „wir", so meine ich in diesem Augenblick die preußische Regierung, — die Regierung, die handeln, die sich bewegen soll, fühlt sich gehemmt von allen Seiten. Sie kann nicht einmal einen Beamten, der zwar formell ihren Anordnungen gehorcht, der aber in den Geist nicht eingeht, sie kann ihn nicht absetzen.

Es hat das seine großen Vorzüge. Ich möchte die Integrität des preußischen Beamtenstandes, sein Ansehen, sein Gefühl der Würde, was ihn bei schlechter, oft unzulänglicher Besoldung über Versuchungen hinweghebt, um keinen Preis verloren geben und möchte lieber die Uebelstände einer gehemmten und genirten Regierung noch länger tragen, als unbesonnen in diese Schwierigkeiten hineinschneiden. Aber gerade, weil wir sie nicht beliebig beseitigen können, so bedürfen wir aller Mittel, die geeignet sind, eine strenge Disziplin festzuhalten, und scheuen uns vor Allem, was geeignet ist, sie zu lockern. Ich kann nicht behaupten, daß es im Lande einen günstigen Eindruck macht, ich kann kaum daran zweifeln, daß es das unbehagliche und berechtigte Gefühl, daß etwas krank sein müsse im Staate, hervorruft, wenn man erlebt, daß in der Oeffentlichkeit ein Beamter seinem höchsten Chef entgegentritt und ihm gegenüber und in Bezug auf ihn öffentlich eine Sprache führt, die derselbe Beamte unzweifelhaft zu wohlerzogen ist, um sie zu Hause seinem Kanzleidiener gegenüber zu führen. Das kann ich nicht als eine nützliche Einrichtung einsehen. Ich gebe gern zu, daß dieses Bedenken sich schon heben würde, wenn nicht die Klausel des Zwangsurlaubes in der Verfassung stände, daß eine Regierung durch die Verfassung gezwungen ist, demjenigen Beamten, von dem sie voraussetzt, er wird sie mit Heftigkeit angreifen, hierzu ausdrücklich den Urlaub zu bewilligen. Ich bin als Minister sehr bereit, mir die stärksten Vorstellungen von einem Beamten, der von seinem Pflichtgefühl geleitet wird, in einem Schriftstück gefallen zu lassen, aber ich würde es schwer ertragen, Minister zu bleiben, wenn ich genöthigt wäre, in meinem Ressort einen Beamten fortdauernd zu beschäftigen, der mir öffentlich diejenige Achtung versagt, auf die ich in meiner Stellung Anspruch mache.

Wenn sich diesen Uebelständen eine Abhülfe nicht vollständig schaffen läßt, so würden die verbündeten Regierungen für jede parzielle Abhülfe, die hier durch Reichstagsbeschluß gewährt würde, immer noch dankbar sein. In dieser Richtung würde z. B. das Amendement, welches zuletzt eingebracht wurde, welches auf die geistlichen und richterlichen Beamten den Ausschluß beschränkt, wie ich glaube, sämmtlichen verbündeten Regierungen annehmbar sein.

Wie mir vorschwebt, existirt derselbe Ausschluß der richterlichen Beamten in mehreren fremden Verfassungen. Daß die Betheiligung an den Parteikämpfen auf die Richter einigermaßen mehr zurückwirkt, als mit der Unparteilichkeit der richterlichen Stellung verträglich ist, meine Herren, davon habe ich selbst vielfach Beispiele erlebt. Ich will Ihnen nur eins citiren. Ich bin, namentlich in den ersten Jahren meiner Amtsführung ungemein oft in der Lage gewesen, daß mir Erkenntnisse, die ohne mein Wissen und meine Anregung gefaßt waren, wegen Beleidigung des preußischen Minister-Präsidenten zur Einsicht zugeschickt wurden mit der Anfrage, ob ich sie veröffentlichen lassen wolle. Ich habe manche dieser Erkenntnisse gelesen, andere nicht. Im Durchschnitt fand ich, daß dieselben Beleidigungen, die, wenn ein ehrbarer Handwerksmeister sie gegen einen andern ausspricht, eine schwere Strafe, wenn er sie öffentlich ausspricht, Gefängniß oder eine höhere Geldstrafe nach sich ziehen können, dem preußischen Minister-Präsidenten gegenüber angewendet, durchschnittlich 10 Thlr. kosteten. Für 10 Thlr. hatte Jeder die Freiheit, mir die schmachvollsten Injurien öffentlich zu sagen oder drucken zu lassen, bie er wollte. Daß da mit einem Maße gemessen war, welches von politischer Beeinflussung ganz frei gewesen wäre, den Eindruck habe ich nicht gehabt. Er wurde aber noch dadurch verstärkt, daß ich in einzelnen dieser Erkenntnisse die richterliche Motivirung las: es lägen doch mildernde Umstände vor, denn dieses Ministerium tauge wirklich nichts. Nun frage ich: kann mit solchen Raisonnements eines erkennenden Richters der Eindruck von Würde, von

Ansehen, von Unparteilichkeit auf die Dauer aufrecht erhalten werden, dessen die richterliche Stellung bedarf?

Die Herren werden aus meiner Darlegung entnommen haben, daß die Aufrechthaltung des Artikels genau wie er steht, für mich gerade nicht, wenn ich so sagen soll, eine Kabinetsfrage ist, daß ich mich aber freuen würde, wenn der Reichstag eine oder die andere der Ansichten, die ich hier aus eigener Erfahrung ausgesprochen habe, durch seinen Beschluß bestätigte, indem entweder wenigstens die geistlichen und richterlichen Beamten ausgeschlossen würden, oder — was mir noch lieber wäre, dasjenige Amendement, welches den Zwangsurlaub auch hier einführen will, abgelehnt würde.

Rede die Berichte über die Verhandlungen des Reichstages betreffend.

29. März.

(Zu Art. 22, welcher bestimmt, daß die Verhandlungen des Reichstags öffentlich sind, waren zwei Abänderungsanträge eingebracht von den Abgeordneten Lasker und von Ausfeld, welche wahrheitsgetreue Berichte der Verhandlungen vor gerichtlichen Verfolgungen sicher stellen sollten. Nachdem der Abg. Lasker für seinen Antrag gesprochen hatte, ergriff Graf Bismarck das Wort und sagte:)

Die verbündeten Regierungen befürchten von der Freiheit der Veröffentlichung der Parlamentsreden keine Gefahr. Wir haben gesehen, daß Reden aus dem Preußischen Abgeordnetenhause, wie sie wohl stärker in keiner Versammlung dieser Art gehalten waren, veröffentlicht wurden ohne jegliche Gefahr. Die Gründe, die uns veranlaßt haben und mich bei einer andern Gelegenheit persönlich —, einer solchen gesetzlichen Bestimmung, wie sie hier von jener Seite (links) befürwortet wird, zu widersprechen, sind andere; ich kann sie wohl bezeichnen als Gründe der Sittlichkeit. Es giebt viele Dinge, die ein Staat dulden kann — er kann sie ignoriren; aber etwas Anderes ist es, sie gesetzlich zu sanktioniren. Dazu rechne ich auch das Recht, einen andern Mitbürger zu beleidigen, ohne daß dieser irgend eine Genugthuung dafür finden könnte. Ich will von Verbrechen, die man mit Worten begehen kann, nicht reden; ich rechne gar nicht darauf, daß sie an der Stelle begangen werden würden. Ich will nur reden vom Schutze der Ehre eines jeden Bürgers, welchen Schutz das Gesetz ihm schuldig ist. Diesen Schutz ihm zu entziehen, das halte ich — ich wiederhole es — gegen die Sittlichkeit, gegen die Menschenrechte. Unter Menschenrechten lasse ich mir ausdrücklich diejenigen gefallen, welche in Frankreich im Jahre 1791 adoptirt wurden, und in die Verfassung der Republik übergegangen sind. Es heißt darin ausdrücklich, und zwar in Bezug auf die Freiheit der opinions, die jeder aussprechen könne, daß diese Freiheit darin bestehe, Alles zu thun, was Anderen nicht schadet. Diese Restriction legt selbst ein so weitgehendes Aktenstück auf, wie jenes. Die Gesetzgebung anderer Staaten, auch die der allerfreiesten, schützen wenigstens die Privatehre. Ich berufe mich darüber z. B. auf die amerikanischen, deren Bestimmungen ich mit habe ausziehen lassen aus Kent, Commentaries on American law Vol. I. pag. 244.

„Obgleich ein Mitglied des Kongresses außerhalb des Kongresses nicht verantwortlich ist für Worte, welche er in demselben gesprochen, auch wenn dieselben beleidigend für Individuen sind, so kann er doch, wenn er seine Rede veröffentlichen läßt, wegen Libells bestraft werden, by action (in einer Civilklage auf Schadenersatz) und by indictment, d. h. kriminell. So ist es in England Rechtens und so ist es gerecht."

Aus England selbst wird Ihnen ein sehr bekannter Fall in Erinnerung sein, nämlich der Fall Stockdale wider Hansard, wo die Veröffentlichung nicht einer Rede, sondern eines „parliamentary paper" oder reports — es sind dies technische Ausdrücke für amtliche Aktenstücke, die auf Befehl des Parlaments gedruckt werden — etwas Beleidigendes für einen Gefängnißwärter enthielt, welcher darüber klagbar wurde. Die englischen Gerichte waren darüber ganz zweifellos, daß sie den Drucker wegen Beleidigung zu verurtheilen hätten, und thaten es. Das Parlament griff ein wegen Privilegienbruchs und bedrohte die Ausführung dieses gerichtlichen Urtheils mit parlamentarischen Strafen. Aber das Parlament hat auch bei diesen Gelegenheiten, wo es in den Rechtsgang eingriff, niemals die Ansicht ausgesprochen, Reden und Motivirungen einzelner Abgeordneten irgendwie zu schützen bei der Publikation, sondern nur reports and papers, und so ist es meines Wissens noch heutzutage in England Recht, so daß dort wenigstens, in England, in Amerika und in allen übrigen civilisirten Ländern die Privatehre sich des vollkommen gesetzlichen Schutzes erfreut. Diese Motive, dieses Bedürfniß, Jedem sein Menschenrecht auf Schutz gegen Beleidigungen zu erhalten, leitet mich, wenn ich nach wie vor die gesetzliche Sanction der Veröffentlichung solcher Reden, welche injuriös für Privatleute sind, bekämpfe. Daß die Freiheit dadurch nicht beschränkt wird, liegt auf der Hand. Ich habe sofort, wie das Parlament zusammentrat, an sämmtliche Behörden, die unter der Autorität der Königlichen Regierung stehen, durch die betreffenden Herren Ressort-Chefs die Aufforderung richten lassen, in keinem Falle gegen die Veröffentlichung einer Parlamentsrede einzuschreiten, es sei denn, daß sie zuvor an die Regierung berichtet hätten und der Fall so stark wäre, daß die Autorisation von der Staats-Regierung ertheilt werden müsse. Die Regierung wird nicht in Verlegenheit kommen, von dieser reservirten Befugniß Gebrauch zu machen, am allerwenigsten wird sie davon Gebrauch machen in Bezug auf die Angriffe, die die Regierung selbst treffen, sie wird nur zum Schutz der Privatrechte gegen persönliche Beleidigung jemals davon Gebrauch machen. Wenn behauptet wird, daß unter dieser Einrichtung die Freiheit litte, so halte ich das für eine der übertriebenen Declamationen, denen ich lediglich einen ornamentalen Charakter in den Reden der Vertheidiger des Antrags beilege.

Wenn einer der Herren Vorredner, der Abgeordnete für Berlin, bei dieser Gelegenheit darüber Klage geführt hat, daß unter Umständen der „mühsam erzwungene" höfliche Ton einem anderen Platz mache und damit ziemlich deutlich auf eine lebhafte Diskussion, die ich vor einigen Tagen angeregt hatte, anspielte, so möchte ich dem Herrn Abgeordneten doch Eins zur Erwägung geben. Wenn man fünf Jahre lang schwer gekämpft hat, und das erreicht hat, was hier vorliegt, wenn man seine Zeit, die beste Zeit des Lebens, seine Gesundheit daran geopfert hat, wenn man sich der Mühe erinnert, die es gekostet hat, oft einen ganz kleinen Paragraphen, eine Interpunktationsfrage zwischen 22 Regierungen zu entscheiden, wenn man nun auf den Punkt gekommen ist, wie er hier vorliegt, dann treten Herren, die von allen diesen Kämpfen wenig erfahren haben, von den amtlichen Vorgängen nichts wissen können, in einer Weise auf, die ich nur damit vergleichen kann, daß Jemand in meine geschlossenen Fenster einen Stein hineinwirft, ohne zu wissen, wo ich stehe. Er weiß nicht, wo er mich trifft, er weiß nicht, welche Geschäfte er mir gerade im Augenblick erschwert, die vorliegen, und die mir durch seinen Widerstand unmöglich werden. Er weiß nicht, welche auswärtigen Fragen im Augenblicke schweben, die bei einer energischen Unterstützung der Regierung von Seiten des Parlaments eine andere Behandlung gestatten würden, als in einem Falle, wo man sieht, daß das Parlament nicht unbedingt mit der Regierung geht, und nur sehr kleine Anlässe nöthig sind, um eine ernste, tiefgehende Spaltung zu erzeugen. Dann kommt man sehr leicht, auch ohne gerade künstlich nervös gemacht zu sein, in eine Stimmung, die ich dem Herrn Abgeordneten nicht besser charakterisiren kann, als wenn ich ihm empfehle, in einer der ersten Scenen von Heinrich IV. nachzulesen, was Heinrich Percy für einen Eindruck hatte, als der dort besagte Kammerherr kam und ihm die Gefangenen abforderte und ihm, der wund- und kampfesmüde war, eine längere Vorlesung über Schußwaffen und innere Verletzung hielt. Die Stelle steht im Anfang des Stückes und fängt mit den Worten an: „I remember that when the fight was over, there came a certain Lord etc." So

ungefähr wie Percy ist mir zu Muthe, wenn ich über Dinge, für die ich gelitten und ge=
kämpft habe, die ich besser kennen muß, solche Reden höre.

Rede die Anwesenheit des Bundeskanzlers bei den Verhand-
lungen des Reichstages betreffend.
29. März.

(Zu Art. 23 war neben andern Anträgen auch ein Antrag des Abgeordneten Dr. Braun
(Wiesbaden) eingebracht worden, welcher dem Reichstag das Recht vindicirte, die Anwesenheit
des Bundeskanzlers bei seinen Verhandlungen zu verlangen. Nachdem der Abg. Dr. Baum-
stark über das Petitionsrecht, in Betreff dessen er einen Antrag eingebracht hatte und der
Abg. Dr. Braun für den von ihm eingebrachten Antrag gesprochen hatte, erklärte Graf
Bismarck:)

Ich glaube, der Hr. Vorredner schlägt das Gewicht des Bundeskanzlers doch zu hoch
an, wenn er der Meinung ist, daß ohne seine Anwesenheit unter Umständen der Reichstag
auf die Linie zurücksinken könne, die er bezeichnete. Ich halte diesen Zusatz eigentlich für
überflüssig. Die Regierungen haben ja das größte und dringendste Interesse, ihre Angele=
genheiten beim Reichstag zu vertreten und hier zu erscheinen. Ich kann mir nur in dem
Fall die Abwesenheit jedes Vertreters der Regierungen als möglich denken, daß eben die
Regierungen ein dringendes Bedürfniß hätten, über die vorliegende Frage zu schweigen.
Wollen Sie nun in dem Fall gewissermaßen durch einen Haftbefehl den Bundeskanzler
zwingen, daß er sich Ihnen zeigt, so weiß ich doch nicht — wenn ich mich in seine Stelle
denke — welche Gewalt, welche parlamentarische wenigstens, mich zwingen könnte, zu
reden, wenn ich schweigen will, und die bloße schweigende Anwesenheit würde unter Um=
ständen für die Regierungen eine Verlegenheit, für den persönlich Betheiligten gewiß eine
sein, namentlich aber unter Umständen in auswärtigen Fragen für die Regierungen. Es
kann ja sein, daß gerade durch ihre Abwesenheit die Regierung bei einer solchen Gelegen=
heit die Verhandlungen des Reichstages von jeder Rücksicht entbinden wollte. Es kann ja
sein, daß sie schweigen will, und jedes Schweigen hat immer etwas von dem, welches zu=
zustimmen scheint, wenn man wirklich dabei sitzt.

Aber ich kann mir nur sehr wenig Fälle der Art denken, wo die Regierungen darüber einig sein sollten, trotz des vom Reichstage geäußerten Wunsches nicht zu kommen.
Das sähe ganz so aus, wie muthwilliges Händelsuchen, wie ein willkürlicher Verzicht auf
das, was man dem Reichstage gegenüber vertreten muß. Sollte die Bestimmung angenommen werden, so müßte ich doch jedenfalls wünschen, daß doch irgend eine facultas
substituendi für den Reichskanzler hinzugefügt würde, damit die Verpflichtung nicht auf
dieser einen Person, die doch immer von Fleisch und Blut ist, allein lastet, die unter Um=
ständen bei dem besten Willen außer Stande sein kann, ihr zu genügen.

Erklärung in Betreff der Diäten.
30. März.

(Zu dem Art. 29 waren drei Abänderungsanträge eingebracht, von denen der eine der
Abgeordneten Ausfeld die Zahlung von Tagegeldern und Reisekosten und an Stellvertretungs-
kosten der Beamten aus der Bundeskasse, der andere der Abgeordneten v. Thünen nur die
Zahlung von Tagegeldern und Reisekosten, der dritte endlich, der Abgeordnete Meier, Tage-
gelder aus öffentlichen Mitteln nicht zu zahlen verlangte. Nachdem der Abg. v. Thünen

für die Zahlung von Tagegeldern im Sinne seines Antrages gesprochen, der Abg. Wagner sich dagegen erklärt und dann wieder der Abg. Rée dafür, gab der Vorsitzende der Reichstags-commissarien folgende Erklärung ab.

Ich habe im Namen und im Auftrage der hohen verbündeten Regierungen zu erklären, daß dieselben glauben, sich auf eine Bewilligung oder Zulassung von Diäten **unter keinen Umständen** einlassen zu können. Die Regierungen bitten vielmehr die hohe Versammlung, die Entscheidung dieser Frage dem Wege der Gesetzgebung demnächst zu überlassen, nachdem man im Stande gewesen sein wird, beruhigende Erfahrungen über die Wirkungen eines bisher noch wenig erprobten Wahlgesetzes zu sammeln.

Berichtigende Erklärung die vorhergehende Rede betreffend.
30. März.

(Am Schluß der Debatte über Art. 29. nahm Graf Bismarck nochmals das Wort und sagte:)

Da bereits ein Schlußantrag vorliegt, so erlaube ich mir für den Fall, daß derselbe angenommen werden sollte, ein Mißverständniß zu berichtigen, was, wie mir privatim gesagt worden ist, durch meine Worte vorher im Schooße der Versammlung sich erzeugt hat. Ich habe nicht sagen wollen, man könne jetzt den Artikel der Verfassung streichen und die ganze Frage, ob ja, oder nein, durch die Gesetzgebung später reguliren, — sondern ich habe nur dasselbe sagen wollen, was der Herr Vertreter der Königlich Sächsischen Regierung so eben gesagt hat: daß, wenn sich Mißstände aus der Diätenlosigkeit ergeben haben würden, oder wenn sich aus dem Verlaufe der Handhabung des Wahlgesetzes ergeben würde, daß es ohne Gefahr geschehen kann, so ist es späterhin immer unbenommen, im Wege der Gesetzgebung Diäten einzuführen. Aber die Erklärung, die ich Namens der verbündeten Regierungen gegeben habe, hat ihren Schwerpunkt in dem ersten Theile meiner Aeußerungen, dahin einig zu sein, daß sie unter keinen Umständen die Zulassung oder Bewilligung von Diäten glaubten acceptiren zu können.

Beantwortung der Interpellation den Verkauf von Luxemburg an Frankreich betreffend.
1. April.

(Vor dem Eintritt in die Tagesordnung stellte der Abgeordnete von Bennigsen folgende Interpellation: „Die unterzeichneten Mitglieder des Reichstages richten die nachstehenden Anfragen an den Herrn Vorsitzenden der Bundeskommissare: 1. Hat die Königlich preußische Regierung Kenntniß davon erhalten, ob die in täglich verstärktem Maaße auftretenden Gerüchte über Verhandlungen zwischen den Regierungen von Frankreich und den Niederlanden wegen Abtretung des Großherzogthums Luxemburg begründet sind? 2. Ist die Königlich preußische Regierung in der Lage, dem Reichstage — in welchem alle Parteien einig zusammenstehen werden in der kräftigsten Unterstützung zur Abwehr eines jeden Versuchs, ein altes deutsches Land von dem Gesammtvaterlande loszureißen — Mittheilung darüber zu machen, daß sie im Verein mit ihren Bundesgenossen entschlossen ist, die Verbindung des Großherzogthums Luxemburg mit dem übrigen Deutschland, insbesondere das preußische Besatzungsrecht in der Festung Luxemburg, auf jede Gefahr hin dauernd sicher zu stellen?" Der Vorsitzende der Reichstags-Kommissarien, Graf von Bismarck, erklärte: Ich bin bereit, diese Interpellation gleich zu beantworten. Nachdem dann die Interpellation durch den Interpellanten begründet war, sagte Graf Bismarck:)

Die hohe Versammlung wird es natürlich finden, wenn ich mich in einer Frage von der Tragweite, welche die vorliegende gewonnen hat, in diesem Augenblicke darauf beschränke, die Interpellation mit einer Darlegung des thatsächlichen Sachverhältnisses, soweit es der Königlichen Regierung und ihren Bundesgenossen bekannt ist, zu beantworten.

Ich muß dazu zurückgreifen auf die Ursachen, die es veranlaßt haben, daß das Großherzogthum Luxemburg nicht Mitglied des Norddeutschen Bundes ist.

Bei Auflösung und durch die Auflösung des früheren Deutschen Bundes gewann jeder der an demselben betheiligten Staaten seine volle Souverainetät wieder, so wie er sie vor Stiftung des Bundes besessen, aber durch die Verpflichtungen, die er im Bundesvertrage freiwillig eingegangen war, beschränkt hatte. Nach Auflösung des Bundes genoß das Großherzogthum Luxemburg und sein Großherzog derselben Souverainetät europäischen Charakters, wie das Königreich der Niederlande und sein König. Die große Mehrzahl der früheren Bundesgenossen, gleich Preußen, benutzten ihre Freiheit, um sofort auf dem nationalen Boden einen neuen Bund behufs gegenseitiger Unterstützung und Pflege der nationalen Interessen zu schließen. Das Großherzogthum Luxemburg fand es seinen Interessen nicht entsprechend, denselben Weg einzuschlagen. Durch die Organe, welche uns innerhalb des Großherzogthums und an seinen Grenzen zu Gebote stehen, waren wir davon in Kenntniß gehalten, daß eine entschiedene Abneigung, dem Norddeutschen Bunde beizutreten, in allen Schichten der Bevölkerung heimisch war. In den höheren und namentlich in den höchsten war sie getragen von einer deutlich ausgesprochenen Mißstimmung gegen Preußen und dessen Erfolge, in den unteren getragen von einer Abneigung gegen die Uebernahme derjenigen Lasten, die eine ernsthafte Landesvertheidigung nothwendig mit sich führt.

Die Stimmung der luxemburgischen Regierung fand Ausdruck in einer Depesche, die im October an uns gerichtet wurde, und in welcher sie uns nachzuweisen suchte, daß wir kein Recht mehr hätten, in Luxemburg Garnison zu halten. Die Königliche Regierung und ihre Bundesgenossen mußten sich die Frage stellen, ob es angemessen sei, unter diesen Umständen eine Einwirkung oder gar einen Druck dahin zu üben, daß das Großherzogthum, welches dem Zollverein angehört, auch dem Norddeutschen Bunde beitrate. Sie hat sich nach gründlicher Erwägung diese Frage verneint. Sie mußte es einmal als einen zweifelhaften Vortheil betrachten, in einem Bunde von dieser Intimität in dem Großherzog von Luxemburg ein Mitglied zu haben, welches in seiner Eigenschaft als König der Niederlande seinen Schwerpunkt außerhalb des Bundes, seine Interessen außerhalb des Bundes hat und vielfach möglicherweise im Widerspruch mit dem Bunde haben konnte. Die Erfahrungen, welche wir in dieser Beziehung in dem früheren Bunde gehabt haben, waren lehrreich genug, um uns abzuhalten, eine ähnliche Einrichtung in vollem Maße auf die neue Institution zu übertragen.

Die Königliche Regierung hat sich ferner gesagt, daß vermöge der geographischen Lage und der eigenthümlichen Verhältnisse gerade des Großherzogthums Luxemburg die Behandlung insbesondere dieser Frage einen höhern Grad von Vorsicht erforderte. Man erweist der preußischen Politik nur Gerechtigkeit, wenn an einer hervorragenden Stelle ausgesprochen worden ist, die preußische Politik suche die Empfindlichkeit der französischen Nation — natürlich, soweit es mit der eigenen Ehre verträglich ist — zu schonen. Die preußische Politik findet und fand zu einer solchen Politik Anlaß in der gerechten Würdigung der Bedeutung, welche die freundschaftlichen Beziehungen zu einem mächtigen und ebenbürtigen Nachbarvolke für die friedliche Entwickelung der deutschen Frage haben mußten.

Aus derselben Rücksicht, die ich hiermit charakterisirt habe, will ich mich enthalten, auf den zweiten Theil der Interpellation mit Ja oder Nein zu antworten. Der Wortlaut dieses zweiten Theiles ist ein solcher, wie er einer Volksvertretung, die auf dem nationalen Boden steht, wohl anstehen mag; er gehört aber nicht der Sprache der Diplomaten an, wie sie in Behandlung internationaler Beziehungen, so lange dieselben im friedlichen Wege erhalten werden können, geführt zu werden pflegt.

Was den ersten Theil der Interpellation betrifft, so will ich das Sachverhältniß, soweit es zur Kenntniß der Königlichen Regierung gekommen ist, offen darlegen. Die Königliche Regierung hat keinen Anlaß anzunehmen, daß ein Abschluß über das künftige Schicksal des Großherzogthums bereits erfolgt sei; sie kann das Gegentheil natürlich nicht mit Bestimmtheit versichern, sie kann auch nicht mit Bestimmtheit wissen, ob, wenn er noch nicht erfolgt wäre, er vielleicht unmittelbar bevorstände. Die einzigen Vorgänge, durch welche die Königliche Regierung veranlaßt gewesen ist, geschäftlich Kenntniß von dieser Frage zu nehmen, sind folgende:

Vor wenig Tagen hat Se. Majestät der König der Niederlande den im Haag akkreditirten Königlich preußischen Gesandten mündlich in die Lage gesetzt, sich darüber zu äußern, wie die preußische Regierung es auffassen würde, wenn Se. Niederländische Majestät Sich der Souverainetät über das Großherzogthum Luxemburg entäußerten. Der Graf Perponcher, unser Gesandter im Haag, ist angewiesen worden, darauf zu antworten, daß die Königliche Regierung und ihre Bundesgenossen im Augenblicke überhaupt keinen Beruf hätten, sich über diese Frage zu äußern, daß sie Sr. Majestät die Verantwortlichkeit für die eigenen Handlungen selbst überlassen müßten, und daß die Königliche Regierung, bevor sie sich über die Frage äußern würde, wenn sie genöthigt wäre, es zu thun, sich jedenfalls vorher versichern würde, wie die Frage von ihren Deutschen Bundesgenossen, wie sie von den Mitunterzeichnern der Verträge von 1839 und wie sie von der öffentlichen Meinung in Deutschland, welche grade im gegenwärtigen Augenblick in der Gestalt dieser hohen Versammlung ein angemessenes Organ besitzt, aufgefaßt werden würde.

Die zweite Thatsache war diejenige, daß die Königlich Niederländische Regierung durch ihren hiesigen Gesandten uns ihre guten Dienste Behufs der von ihr vorausgesetzten Verhandlungen Preußens mit Frankreich über das Großherzogthum Luxemburg anbot. Wir haben darauf geantwortet, daß wir nicht in der Lage wären, von diesen guten Diensten Gebrauch zu machen, weil Verhandlungen dieser Art nicht schwebten.

In dieser Lage, meine Herren, befindet sich, soviel der Königlichen Regierung bekannt ist, die Sache noch in dieser Stunde. Ich betone, soviel ihr bekannt ist, und beziehe mich auf das zurück, was ich kurz vorher über die Möglichkeit eines Abschlusses gesagt habe. Sie werden nicht von mir verlangen, daß ich in diesem Augenblicke — ähnlich wie es einem Volksvertreter, einer Volksvertretung gestattet ist — über die Absichten und Entschlüsse der Königlichen Regierung und ihrer Bundesgenossen in diesem und in jenem Falle in der Oeffentlichkeit Erklärungen abgeben solle. Die verbündeten Regierungen glauben, daß keine fremde Macht zweifellose Rechte deutscher Staaten und deutscher Bevölkerungen beeinträchtigen werde; sie hoffen im Stande zu sein, solche Rechte zu wahren und zu schützen auf dem Wege friedlicher Verhandlungen und ohne Gefährdung der freundschaftlichen Beziehungen, in welchen sich Deutschland bisher zur Genugthuung der verbündeten Regierungen mit seinen Nachbarn befindet. Sie werden sich dieser Hoffnungen um so sicherer hingeben können, je mehr das eintrifft, was der Herr Interpellant vorher zu meiner Freude andeutete, daß wir durch unsere Berathungen das unerschütterliche Vertrauen, den unzerreißbaren Zusammenhang des deutschen Volkes mit seinen Regierungen und unter seinen Regierungen bethätigen werden.

Erklärung in Betreff der Wehrpflichtigkeit in Nordschleswig.

3. April.

(In der 26. Sitzung begann die Generaldebatte über den Abschnitt XI. der Bundesverfassung, das Bundeskriegswesen betreffend. Die Diskussion wurde von dem Abgeordneten Oehmichen aus Sachsen eröffnet, dem Waldeck folgte. Dann sprachen die Generale von Moltke und Vogel v. Falkenstein; hierauf der Abg. v. Rössing und dann las der Abgeordnete Kryger (aus Nordschleswig) eine Rede vor, in welcher er einen Abänderungsantrag zu Art. 53 zu begründen suchte, dahin gehend: Die Wehrpflichtigkeit in den nördlichen Districten Schleswigs bis zur Abtretung der letztern an das Königreich Dänemark zu suspendiren. In Bezug hierauf sagte Graf Bismarck:)

Wenn ich das Wort ergreife, so geschieht das nicht, um die Bestimmungen des Prager Friedens anzufechten, oder mich über die Auslegung derselben nochmals hier zu äußern, sondern nur um zu verhindern, daß durch solche Kundgebungen, wie die Rede des Herrn Vorrednes war, in Nordschleswig noch mehr Leute irregeleitet werden in ihren Ansichten über den gegenwärtigen Rechtszustand und sich den gesetzlichen Anforderungen der Behörden, besonders in Bezug auf ihre militairischen Pflichten entziehen, und sich dadurch zu unserem Bedauern Strafen zuziehen, die unnachsichtlich würden vollzogen werden. Der gegenwärtige Rechtszustand des Herzogthums Schleswig ist der, daß dasselbe nach seiner ganzen Ausdehnung, wie es sich nach dem Wiener Frieden gestaltet hat, ein zweifelloser Bestandtheil der preußischen Monarchie ist, daraus folgt, daß sich alle Einwohner den Gesetzen zu fügen haben, die hier gelten; wie viele und welche davon etwa in Zukunft nach den Bestimmungen des Prager Friedens aufhören werden, preußische Unterthanen zu sein, ist eine Frage, die noch zu entscheiden ist. So lange sie es aber sind, bis auf die letzte Minute haben sie sich den Gesetzen und Behörden Preußens zu fügen oder die Folgen zu tragen, welche die Widersetzlichkeit nach sich ziehen wird.

Wenn aber der Herr Vorredner aus den Bestimmungen des Wiener Friedes eine Art von Zwitterzustand hat ableiten wollen, so daß jeder sich in den drei Herzogthümern für einen dänischen Unterthanen erklären und dennoch alle Vortheile der Unterthanenschaft Preußens zu genießen fortfahre und dabei die dänische Unterthanenschaft oder die Möglichkeit, daß er sich für dieselbe entscheidet, dafür benutzen könne, um sich allen Lasten zu entziehen, so würde doch dieses System Anwendung auf Holstein und Lauenburg finden. Da könnte dann auch Jeder sagen: Ich will bis 1870 warten und mich dann entscheiden, ob ich Preuße oder Däne sein will, bis dahin bleibt mir mit den Zumuthungen der Steuer- und Militairpflicht vom Halse.

Ich glaube, dadurch ist die Unzulänglichkeit, die Unrichtigkeit der Behauptungen des Herrn Vorredners hinreichend dokumentirt. Wir bestreiten bis 1870 keinem Schleswiger, der die dänische Nationalität adoptiren und nach Dänemark übersiedeln will, das Recht dazu, halten aber an dem Grundsatz fest, wer es gethan hat und sich darauf berufen hat, der hat optirt nach der Freiheit, die ihm der Wiener Friede läßt. Ist er Däne geworden, so bleibt er es auch und wird als Däne angesehen, wenn er etwa wieder nach Hause kommen will.

Zurückweisung einer Bemerkung des Abgeordneten Duncker, den Krieg von 1866 betreffend.
6. April.

(Nach den Verhandlungen über den Art. 58 hatte der Abgeordnete Duncker (Berlin) in einer persönlichen Bemerkung gegen den Abgeordneten v. Bincke (Hagen) den Krieg von 1866 ein verwegenes Spiel genannt. Hiergegen bemerkte Graf Bismarck:)

Der Herr Vorredner hat soeben geäußert, das Ministerium, an dessen Spitze ich zu stehen die Ehre habe, hätte im vorigen Jahre ein sehr verwegenes Spiel gespielt, welches schließlich die Tapferkeit des Volkes gewonnen habe. Er hat dadurch in Fortsetzung der Verdächtigungen, die das citirte Blatt keinen Augenblick vor und nach dem Kriege angestanden hat, auf dieses Ministerium zu häufen, uns beschuldigt, wir hätten willkürlich die Ehre, Unabhängigkeit und Freiheit Preußens in ein Wagniß gezogen, das er als Spiel bezeichnet, welches wir hätten vermeiden können. Ich weise diese Verdächtigung, die mir öfter entgegentritt, aber hier mir zum ersten Male Gelegenheit giebt, sie öffentlich und energisch zurückzuweisen, auf das Bestimmteste als unwahre Partei-Erfindung zurück. Wir waren in der Lage, gegen ungerechte und lange vorbereitete Angriffe, gegen eine ungerechte Majorisirung Preußens im Bunde, gegen Angriffe, die nur mit dem Bajonette abgewehrt werden konnten, in gerechter Selbstvertheidigung und ehrlicher Nothwehr zum Degen zu greifen; aber Ihren Ausdruck: verwegenes Spiel, gewagtes Spiel anzuwenden, — — ich will nicht den Ausdruck brauchen, der mir gerade ankam, aber er paßt nicht.

Beantwortung einer Interpellation die Verhältnisse des Großherzogthums Hessen betreffend.
9. April.

(In der Sitzung vom 9. April hatten die Abgeordneten Oberhessens: Graf zu Solms-Laubach, Freiherr Nordeck zur Rabenau und Buderus folgende Interpellation gestellt: Se. Königliche Hoheit der Großherzog von Hessen erließ nach wiederhergestelltem Frieden unterm 17. September vorigen Jahres von Worms aus eine Proclamation, überschrieben: „An mein treues Volk", — welche in Beziehung auf die öffentlichen Verhältnisse Deutschlands und dessen nationale Gestaltung das Folgende besagt:

„Wir haben nicht blos die Wunden zu heilen, welche der Krieg unserem Hessen geschlagen hat, — wir haben auch mit der Neugestaltung unseres gemeinsamen deutschen Vaterlandes in einer, die gerechten nationalen Ansprüche befriedigenden Weise zu beginnen. — Der alte Rechtsboden, auf dem wir hätten fortbauen können, ist zusammengebrochen. — Wir müssen nun die Vervollkommnung des durch die Macht der Thatsachen geschaffenen neuen Rechtszustandes zum Gegenstand unserer Sorge machen. — Mein eifriger Wunsch war, den Bund, welcher bereits den Norden Deutschlands umfaßt, auf das ganze große Vaterland ausgedehnt zu sehen. — Rücksichten, deren Beseitigung nicht in meiner Macht lagen, standen bis jetzt der Erfüllung meines Wunsches entgegen. — Aber wie ich stets seit meinem Regierungs-Antritt neben dem Wohle meines hessischen Landes, das Glück und die Größe des gemeinsamen deutschen Vaterlandes und die Kräftigung des dasselbe umschlingenden Bandes angestrebt habe, so werde ich auch für die Zukunft dieses Ziel nicht aus den Augen verlieren. — Ich rechne dabei auf das Vertrauen und die Unterstützung meines guten und bewährten Volkes."

In Folge des Friedensabschlusses zwischen Preußen und Hessen vom 3. September b. J. trat, — wie bekannt, der Großherzog von Hessen mit dem Theil der Provinz Oberhessen dem Norddeutschen Bunde bei, während die beiden anderen Provinzen des Landes außerhalb dieses Verhältnisses blieben.

Bei Gelegenheit der Diskussion, resp. Annahme des preußisch-hessischen Friedens-Vertrages in der Zweiten Kammer zu Darmstadt, — im Januar d. J., — wurde von zwei Abgeordneten beantragt:

gleichzeitig die feste Erwartung auszusprechen: die Großherzogliche Staats-Regierung werde mit allen Kräften dahin streben, auch mit den von dem Norddeutschen Bund bis jetzt noch ausgeschlossenen Gebietstheilen möglichst bald in denselben einzutreten.

Die Kammer beschloß, Berathung und Beschlußfassung über diesen Antrag wegen mangelnder genügender Information bis nach erfolgter definitiver Konstituirung des Norddeutschen Bundes auszusetzen.

Diese definitive Konstituirung steht durch Publication der Verfassung in der nächsten Zeit mit Sicherheit zu erwarten. Ist dann das ganze Großherzogthum Hessen dem Norddeutschen Bunde nicht beigetreten — oder ist nicht wenigstens sein Beitritt in sichere Aussicht gestellt, — so wird das Land in zwei Theile zerrissen. Daraus werden schwere Schädigungen der nationalen, — der dynastischen — und der besonderen Interessen des Großherzogthums entstehen.

Welche Gründe auch früher bestanden haben mögen, den Beitritt von ganz Hessen zum Norddeutschen Bunde zu beanstanden, so scheint uns doch jetzt die Zeit gekommen zu sein, wo Deutschland genügend gekräftigt ist, um seine inneren Angelegenheiten ohne fremden Rath seinen eigenen Interessen entsprechend zu ordnen, — und dabei einzig und allein sein eignes Wohl zum Ausgangspunkt seiner Entschließungen zu nehmen.

Auf Grund vorstehender Andeutungen erlauben sich die unterzeichneten oberhessischen Abgeordneten an den Herrn Vorsitzenden des Bundes-Kommissarien die ergebenste Anfrage:
1. ob, — und eventuell welche Hindernisse dem ungetrennten Eintritt des ganzen Großherzogthums Hessen in den Norddeutschen Bund zur Zeit entgegenstehen?
2. eventuell, ob diese Hindernisse dauernde, — oder vorübergehender Natur sind?

Da auf eine Frage des Präsidenten des Reichstages der Vorsitzende der Reichstags-Kommissarien sich zur sofortigen Beantwortung der genannten Interpellation bereit erklärte, so nahm das Wort zur Rechtfertigung der letztern der Abg. Graf zu Solms-Laubach. Nachdem derselbe seine Rede geendet, erklärte der Vorsitzende der Reichstags-Kommissarien Graf Bismarck:)

Ich würde mich zu einer erschöpfenden Beantwortung der von dem Herrn Interpellanten angeregten Frage in Vertretung der hohen verbündeten Regierungen nur dann bereit erklären können, wenn die Frage von der Großherzoglich hessischen Regierung gestellt würde. Der Herr Interpellant ist von der Voraussetzung ausgegangen, daß der Wunsch der Großherzoglichen Regierung, das ganze Großherzogthum jetzt in den Norddeutschen Bund aufgenommen zu sehen, amtlich feststände. Ich kann dies nicht bestätigen. Die Großherzoglich hessische Regierung hat uns allerdings in einer Note vom 14. August v. J. den Wunsch ausgesprochen, mit dem ganzen Großherzogthum in den Bund aufgenommen zu werden. Es geschah dies aber in einer anderen Lage der Dinge, als es die heutige ist. Die preußische Regierung hatte damals in den Friedensverhandlungen die Forderung gestellt, das gesammte Oberhessen mit Homburg und Meisenheim der preußischen Monarchie einzuverleiben gegen Entschädigung des Großherzogthums Hessen auf Kosten Baierns. Um diesen Gebietstausch abzuwehren, bot die Großherzogliche Regierung, wie aus dem Inhalt der Note vom 14. August zu ersehen sein würde, den Eintritt des gesammten Großherzogthums in den Norddeutschen Bund an. Nachdem jener Territorialaustausch aus anderen Rücksichten aufgegeben war, hat die Großherzogliche Regierung denselben Wunsch nicht erneuert.

Die verbündeten Regierungen sind weit entfernt, die Uebelstände zu verkennen, welche aus der Theilung des Großherzogthums in einen der Gesetzgebung des Norddeutschen Bundes unterworfenen und einen davon freien Theil hervorgehen. Es ist sogar vorauszusehen, daß diese Uebelstände sich noch beträchtlich steigern würden, wenn es nicht gelingen sollte, dem Zollverein eine weitere Ausdehnung, als das Gebiet des Norddeutschen Bundes es bedingt, zu erhalten. Wir finden daher die Uebelstände, welche der Herr Interpellant hervorgehoben hat, nicht nur unzweifelhaft vorhanden, sondern auch die Gefahr, daß sie in Zukunft wachsen könnten.

Es kommt dazu, daß das gesammte Großherzogthum schon in wesentlichen Theilen seiner Organisation in die Rechtssphäre des Norddeutschen Bundes hineingezogen ist, namentlich in Betreff der Verwaltung der Post und der Telegraphie, und, wie demnächst durch den Abschluß einer Militairconvention zu erwarten steht, auch in Bezug auf die militairischen Angelegenheiten. Als Aequivalent dafür blieben dem Großherzogthum zu reklamiren die Rechte, die den vorher angedeuteten Leistungen entsprächen, nämlich die Rechte einer stärkeren Vertretung im Bundesrathe wie im Reichstage, und die Bürgschaften einer vollen territorialen Garantie, die sich bisher, juristisch wenigstens, auf Rheinhessen und auf Starkenburg nicht erstreckten.

Der Frage, ob nach dem Inhalt des Prager Friedens der Aufnahme des gesammten Großherzogthums, welches, von der territorialen Seite aufgefaßt, zur Hälfte ein Norddeutscher, zur Hälfte ein Süddeutscher Staat ist, Hindernisse entgegenstehen, würden wir näher treten, sobald uns von der Großherzoglichen Regierung in amtlicher Form der Wunsch dazu ausgesprochen würde. Wir würden dann, da wir mit Oesterreich auf der Basis des Prager Friedens und in Betreff der Auslegung desselben, im Einverständniß zu leben beabsichtigen, zunächst mit der Kaiserlich österreichischen Regierung in freundschaftliche Verhandlung darüber treten, wie sie ihrerseits die Frage auffasse, und nach der bisherigen Haltung der Kaiserlichen Regierung glauben wir kaum, daß der Gedanke auf einen bestimmten Widerstand darin stoßen würde, sobald die Wünsche der Großherzoglich hessischen Regierung sich unzweideutig manifestirt hätten.

Wir würden demnächst, nachdem ich mich der Ueberzeugung hingeben darf, daß innerhalb des engeren Bundes ein Widerspruch nicht erhoben werden würde, es doch für nützlich, und den gegenseitigen Beziehungen entsprechend halten, mit unseren süddeutschen Bundesgenossen und namentlich mit Bayern auch über diese Frage ins Vernehmen zu treten, um zu ermessen, ob die dortige Politik durch dieses Vorgehen gekreuzt oder unterstützt werden würde. Vor Allem aber wäre erforderlich, daß die Großherzogliche Regierung ihre Willensmeinung bestimmt formulirte, und nach der Bereitwilligkeit, welche dieselbe gezeigt hat, an dem nationalen Werke, an welchem sie bisher nur für Oberhessen vollständig betheiligt ist, mitzuwirken, dürfen wir mit Vertrauen die Entschließung, die Entscheidung über die Frage der Großherzoglichen Regierung überlassen, die am besten wissen muß, was ihrem Interesse frommt, und der ich aus bundesfreundlichen Rücksichten hier durch eine Erklärung nicht glaube vorgreifen zu dürfen.

Erklärung, den Eintritt der süddeutschen Staaten in den norddeutschen Bund betreffend.
10. April.

(Zu dem Art. 71 hatten die Abgeordneten Lasker und Miquel mit ihren Freunden den Antrag gestellt: Der Eintritt der süddeutschen Staaten oder eines derselben in den Bund erfolgt auf den Vorschlag des Bundespräsidiums im Wege der Bundesgesetzgebung. — Ueber den Artikel sprachen der Abgeordnete v. Sybel für das Amendement, Bebel gegen Art. 71, Weber gegen Bebel, der großherzogl. Hessische Reichstagskommissarius Hofmann, dann die Abgeordneten Schulze (Berlin), Miquel, Wigard, Lasker, Schrader, v. Bincke (Hagen). — Hierauf der Vorsitzende der Reichstagscommissarien:)

Um der Aufforderung des Herrn Vorredners zu entsprechen, will ich mich mit wenigen Worten über die Stellung der Vertreter der verbündeten Regierungen zu dem Amendement Lasker-Miquel aussprechen. Ich kann nicht behaupten, daß die Tendenz dieses Amendements unseren Wünschen und Bestrebungen widerspricht. Eine andere Frage ist aber die, ob solche Mitglieder dieser Versammlung, welche zugleich Vertreter der Regierungen sind, sich augenblicklich in der Lage befinden, für das Amendement zu stimmen. Ich habe gesagt, daß es unseren Wünschen nicht widerspricht. Aber eine Regierung ist verpflichtet, sich bei der Aussprache ihrer Wünsche nach der Decke ihrer Rechte zu strecken. Ich will damit nicht behaupten, daß die Annahme dieses Amendements im Widerspruch mit dem Art. 4 des Prager Friedens stände; ich will nur aus ähnlichen Gründen, wie ich sie gestern bei der Beantwortung der hessischen Interpellation hervorhob, nicht einseitig den Verhandlungen, die zu einer einheitlichen Auslegung der Kontrahenten des Prager Friedens erforderlich sind, vorgreifen, auch nicht die Entschließung der süddeutschen Regierungen in einer Weise präjudiciren, zu welcher bisher der Grad ihres amtlichen Entgegenkommens uns nicht auffordert. Daß im Art. 4 des Prager Friedens nicht bloß ein internationales Schutz- und Trutzbündniß — wie einer der Herren Vorredner, ich weiß nicht welcher, bemerkt hat — ins Auge gefaßt ist; geht, glaube ich, aus seinem Wortlaut für jeden aufmerksamen Leser zweifellos hervor. Es ist in dem Art. 4 nicht von einer neuen Gestaltung Norddeutschlands bloß die Rede, welcher die Kaiserlich österreichische Regierung zustimmt, sondern von einer neuen Gestaltung Deutschlands. Der Begriff wird dadurch erläutert, daß der Nachsatz folgt: „Deutschland ohne Betheiligung des österreichischen Kaiserstaats." Also es ist zugestimmt zu einer Neugestaltung derjenigen Bestandtheile des früheren deutschen Bundes, welcher nach dem Ausscheiden der österreichischen Theile des Bundesterritoriums übrig war.

Es ist ferner in der dritten Zeile vor dem Schluß des Artikels von der nationalen Verbindung Süddeutschlands mit dem Norddeutschen Bunde gesprochen, also nicht von einer internationalen, welches Wort ausdrücklich in demselben Artikel auf die Beziehungen Süddeutschlands zum Auslande seine Anwendung gefunden hat. Wenn ich nichtsdestoweniger die Frage, ob der Eintritt der süddeutschen Staaten mit diesem Artikel verträglich ist, einseitig nicht bejahen möchte, sondern ihre Beantwortung im Einverständniß mit der Kaiserlich österreichischen Regierung finden möchte, so bewegt mich dazu der Umstand, daß eine der Prämissen, welche der Art. 4 aufstellt, in der Kette fehlt: das ist nämlich das Zustandekommen des Süddeutschen Bundes. Wäre dieser zu Stande gekommen, oder hätte er Aussicht dazu, so ist meine Ueberzeugung, daß, wenn im Norden ein Parlament tagt auf einer nationalen Basis, im Süden ein ähnliches, diese beiden Parlamente nicht länger auseinander zu halten sein würden, als etwa die Gewässer des Rothen Meeres, nachdem der Durchmarsch erfolgt war. Diese Prämisse fehlt bisher, und wir möchten bei der Ueberzeugung, daß die nationale Zusammengehörigkeit ihre Sanction durch die Geschichte dereinst ganz zweifellos empfangen wird, über die Frage, ob dies sofort und in welcher Form geschehen kann, nicht in Meinungsverschiedenheit mit der Kaiserlich österreichischen Regierung über die Auslegung des eben zwischen uns geschlossenen Friedensvertrages gerathen, indem wir dieser Auslegung einseitig vorgriffen.

Im Uebrigen bin ich auch der Meinung, daß der Unterschied zwischen dem Amendement Miquel-Lasker und dem Texte des Art. 71 so sehr erheblich in der Praxis nicht ist. Das Amendement behält dem Präsidium — oder wie man richtiger sagen würde — dem Bundesrath die Initiative vor, und im Bundesrath würde voraussichtlich das Präsidium die Initiative zu nehmen haben. Das Bundespräsidium würde unzweifelhaft mit dieser Initiative doch so lange warten, bis es diejenigen Verhandlungen geführt hat, die in dem Art. 71 vorgesehen sind, und es sich durch den Verlauf der Verhandlungen überzeugt haben würde, daß der Moment eingetreten sei, wo im Sinne des Amendements vorgegangen werden kann, ohne daß wegen der Verfrühung eines Momentes, der später doch eintritt, das Vorgehen mit Zerwürfnissen zwischen den Kontrahenten des Prager Friedens verbunden sei.

Aus diesen Gründen werde ich mich enthalten, für das Amendement Miquel zu stimmen. Sollte es angenommen werden, so wird an die verbündeten Regierungen die Frage herantreten, ob sie sich zu diesem neuen Text des Verfassungs-Entwurfes bei ihren definitiven Entschließungen bekennen können. Ich glaube nicht, diese Frage von Hause aus verneinen zu sollen, um deswillen, weil das Amendement Miquel eben die Eigenschaft hat, dem Präsidium und dem Bundesrath die Entschließung über den Zeitpunkt dennoch vollständig frei zu lassen, und uns in keiner Weise verpflichten würde, der Frage früher näher zu treten, als bis wir mit allen Elementen, denen wir das Recht mitzureden, zuerkennen, darüber einig sind.

Erklärung im Namen der verbündeten Regierungen über die bei der Vorberathung angenommenen Abänderungsanträge.

15. April.

(Nach einigen geschäftlichen Mittheilungen Seitens des Präsidenten trat das Haus in die Tagesordnung: Berathung über die Zusammenstellung der in der Vorberathung im Plenum des Reichstags über den Entwurf der Verfassung des Norddeutschen Bundes gefaßten Beschlüsse.

Zuerst nahm das Wort der Vorsitzende der Reichstags-Kommissarien; derselbe gab Namens der verbündeten Regierungen die nachfolgende Erklärung ab:)

Mit dem Abschlusse der Vorberathung in diesem hohen Hause ist an die Vertreter der verbündeten Regierungen die Nothwendigkeit herangetreten, die Entschließung ihrer Hohen Vollmachtgeber über die aus den Beschlüssen des Hauses hervorgegangenen Abänderungen des ursprünglichen Entwurfs herbeizuführen. Mit aufrichtiger Genugthuung kann ich konstatiren, daß in Betreff der bei weitem größten Anzahl, in gegen vierzig Punkten etwa, die verbündeten Regierungen bereit sind, sich die Beschlüsse des hohen Hauses anzueignen, sofern es gelingt, über die beiden Punkte, in deren gegenwärtiger Fassung die verbündeten Regierungen ein Hinderniß des Zustandekommens der Vereinbarung erblicken, eine Verständigung zu erzielen; es sind dies die beiden Punkte, die Sicherstellung der Heereseinrichtungen und die Frage über Bewilligung von Diäten. Die Kommissarien werden Anlaß nehmen, beim Eintritt in die Diskussion über diese Spezialpunkte diejenigen Amendements zu bezeichnen, welche den Hohen Verbündeten annehmbar sein würden, und nach deren Annahme dem Abschluß der Vereinbarung über das Gesammt-Resultat kein Hinderniß mehr im Wege stehen würde.

Einstweilen beschränke ich mich darauf, diejenigen Punkte oberflächlich durchzugehen, in Betreff deren die verbündeten Regierungen unter der vorher ausgesprochenen Voraussetzung bereit sind, sich die Beschlüsse des Reichstages anzueignen. Es betrifft dies, nachdem die ersten drei Artikel unverändert geblieben sind, die sämmtlichen, so viel ich übersehe sechs, Zusätze zu dem Art. 4, betreffend die Kompetenz der Gesetzgebung des Bundes; ferner den dazu gehörigen Zusatz alinea 2 des Art. 5, dann im Art. 11 die Genehmigung des Reichstages als Erforderniß für die Gültigkeit der Verträge betreffend; den Zusatz zu Art. 9 und 10 in Betreff der Uebernahme der Verantwortlichkeit durch den Bundeskanzler; die beiden Sätze des Art. 21, die Wahl der Beamten und das Nicht-Erforderniß der Urlaubs-Bewilligung zum Eintritt derselben; Art. 22, die wahrheitsgetreuen Berichte und deren Veröffentlichung betreffend; Art. 23 über Petitionen; Art. 25 die Nothwendigkeit, den Reichstag in 30 Tagen wieder zu berufen bei etwaiger Auflösung—; Art. 26 die Beschränkung der Vertagung — ich zähle nach den neuen Nummern —; Art. 28 ein unbedeutender Fassungszusatz; Art. 31 die Unzulässigkeit der Verhaftung von Mitgliedern des Reichstages in verschiedenen Fällen; Art. 38 mehrere in das technische Gebiet der Steuergesetzgebung schlagende Punkte; ebenso Art. 45, die Eisenbahnen betreffend; desgleichen Art. 46; dann über Marine und Schiffahrt der Zusatz zu Art. 53; ferner im Art. 59 die Zerlegung der siebenjährigen Periode der Präsenszeit in zwei Abtheilungen, für die Anwesenheit bei der Fahne und die Zugehörigkeit zur Reserve; im Art. 61 die Zusage eines Bundesmilitairgesetzes, dann im Art. 69, die Nothwendigkeit eines jährlich durch Gesetz festgestellten Budgets betreffend, Art. 72 Anleihen und Garantieen, Art. 74 über das Bundesgericht, sowie die neu hinzugekommenen Art. 76 und 77 und außerdem den Schlußsatz zu §. 78.

Die verbündeten Regierungen haben in den von dem hohen Reichstage votirten Abänderungen zum Theil zweifellose Verbesserungen ihres Entwurfs erkannt, zum Theil aber ist ihnen, wie ich nicht verhehlen kann, die Annahme derselben und die Vereinbarung unter einander über gerade diese Form, in der es anzunehmen sein würde, nicht leicht geworden. Die hohen Regierungen haben sich aber von demselben Geiste der Vermittlung leiten lassen, von dem sie hoffen, daß er die definitive Beschlußfassung dieses hohen Hauses beherrschen werde, indem er die individuelle Ueberzeugung hinter dem nationalen Erforderniß, daß unser Werk überhaupt hier zu Stande kommt, zurücktreten läßt.

Erwiderung auf die Rede des Abgeordneten Reichensperger.
15. April.

(Nach der obigen Erklärung trat der Reichstag in Berathung. Zunächst wurde der Antrag des Abgeordneten Bockum-Dolffs, den Entwurf so wie er aus der Vorberathung hervorgegangen unverändert anzunehmen abgelehnt, demnächst begann die General-Diskussion, zu welcher der Abgeordnete Reichensperger das Wort ergriff. Ihm erwiderte der Vorsitzende der Reichstags-Kommissarien:)

Ich bin nicht in der Lage, schon körperlich nicht, mich mit den ausgeruhten Kräften des Herrn Vorredners in einen neuen rednerischen Kampf über Dinge einzulassen, über die wir sechs Wochen diskutirt haben. Ich knüpfe nur an seine eine Erklärung an, die Minister wären nicht inamovible und an ihren Personen könnte die Sache nicht scheitern, eine Erklärung, die ich mit dem vollsten Herzen unterschreibe und dem Herrn Vorredner gern bestätige, daß, wenn es ihm gelingt, seine Ansichten hier zur Annahme zu bringen, ich außer Stande sein würde, die Verantwortung für die Durchführung des uns vorliegenden Werkes zu tragen. Ich würde in demselben Augenblicke an Se. Majestät den König die Bitte richten, mich meiner Stellung nicht nur als Bundes-Kommissar, sondern als preußischer Minister — denn diese ist in einer unzertrennbaren Beziehung zu diesem Verfassungsentwurf — zu entheben, und dem Herrn Vorredner die Chance geben, an der Spitze der Majorität, mit der er mich geworfen haben würde, zu versuchen, ob er ebenso gut zu regieren wie zu reden versteht.

Erklärung in Betreff der Diätenfrage.
15. April.

(Die Art. 1—20 wurden in der Fassung, wie sie aus der Vorberathung hervorgegangen waren, angenommen. Bei Art. 21 vertheidigten die Abgeordneten Lasker und Grumbrecht ebenfalls die Fassung, welche in der Vorberathung angenommen worden war. Nach dem Abgeordneten Grumbrecht erklärte der Vorsitzende der Reichstags-Kommissarien:)

Grade dieser Art. 21 in der Fassung, wie er durch den hohen Reichstag amendirt worden ist, gehört zu denjenigen, über welche die Herstellung der Einigung zwischen den verbündeten Regierungen besonders schwierig gewesen ist, und die verbündeten Regierungen haben ihrerseits geglaubt, durch Annahme der jetzigen Fassung eine erhebliche Concession zu machen. Wenn dieses Entgegenkommen, statt auf Anerkennung zu stoßen, damit vergolten werden sollte, daß nun Nova, welche die Stellung der Regierungen schwieriger machen, hinein amendirt würden, so würde damit die Concession der Regierungen, die sie für die jetzige Fassung des Art. 21 gemacht haben, invalidirt werden, und wir würden es nicht übernehmen, eine neue Vereinbarung herbeizuführen.

Erklärungen in Betreff der Militairfrage bei der Schlußberathung.
16. April.

(Nachdem Art. 21 im Sinne der Regierung abgeändert und die Art. 22—59 nach der Zusammenstellung aus der Vorberathung angenommen worden, wurde die Diskussion über Art. 60 (Art. 56) des Entwurfs eröffnet.

Der Art. 60 bestimmt, daß die Friedens-Präsenzstärke des Bundesheeres bis zum 31. Dezember 1871 auf 1 pCt. der Bevölkerung von 1867 normirt sein solle; für die spätere Zeit solle die Friedens=Präsenzstärke des Heeres im Wege der Bundesgesetzgebung festgestellt werden.

Zu diesem Artikel liegen folgende Abänderungsvorschläge vor:
I. Amendement Ausfeldt: Den Art. 60 zu streichen.
II. Amendement Graf Eberhard Stolberg: Im Art. 60 statt des letzten Satzes den folgenden Satz anzunehmen:

„Für die spätere Zeit wird die Friedens-Präsenzstärke des Heeres durch ein Bundes= gesetz festgestellt, bis zu dessen Erlaß die vorstehenden Bestimmungen von Jahr zu Jahr in Kraft bleiben."

Das Wort ergriff zuerst der Abg. v. Bincke (Hagen). Derselbe sprach für die An= nahme des Amendements Graf Eberhard Stolberg. Der Abg. Lasker bekämpfte die De= ductionen des Abg. v. Bincke (Hagen). Der Abg. v. Blanckenburg führte aus, daß es für ihn und seine Gesinnungsgenossen unmöglich sei — für das bei Art. 62 anzuführende Amen= dement entder Abg. Herzog v. Ujest und von Bennigsen zu stimmen, wenn das zu dem Art. 60 eingebrachte Amendement des Abg. Graf Stolberg nicht angenommen würde.

Der Vorsitzende der Reichstags Kommissarien gab nach der Rede des Abg. v. Blancken= burg folgende Erklärung ab:)

Ich habe mir gestern vorbehalten, im Laufe der Diskussion bei den betreffenden Ar= tikeln diejenigen Amendements zu bezeichnen, welche den von den verbündeten Regierungen gefaßten Beschlüssen entsprechen. In diesem Sinne erkläre ich, daß das Amendement des Grafen zu Stolberg mit diesen Beschlüssen übereinstimmt, und die Vertreter der Regie= rungen daher verpflichtet sind, an demselben festzuhalten. Das Amendement des Herzogs von Ujest läßt die Möglichkeit, auf dem Wege, welchen der Herr Abg. von Hagen ange= deutet hat, im Jahre 1872 einen Budgetkonflikt, einen Militairkonflikt zu erneuern, dessen Folgen sich in diesem Augenblicke nicht übersehen lassen. Wer daher entschlossen ist, diesen Konflikt zu verhüten, der muß mit uns in dieser Frage für das Amendement des Grafen zu Stolberg stimmen.

Der Abg. Graf Bethusy=Huc erklärte: da ihm nach dieser Erklärung das Zustande= kommen der Verfassung nicht gefährdet zu sein scheine, wenn der Antrag der Abgeordneten Herzog von Ujest und von Bennigsen angenommen würde, so werde er für den genannten Antrag stimmen.

Der Vorsitzende der Reichstags Kommissarien bemerkte hierauf wiederholt:

Mir ist schwer verständlich, welche Gründe den Herrn Vorredner bewegen können, gegen das Amendement des Grafen zu Stolberg zu stimmen, wenn er demselben vor den konkurrirenden den Vorzug giebt. Der Herr Vorredner hat sich darüber nicht ausge= sprochen, sondern er hat gesagt, wenn ich im Namen der verbündeten Regierungen er= klärte, daß die Verwerfung des Amendements Stolberg, oder daß die Annahme des Amendements Hohenlohe den Abbruch unserer Abhandlungen, das Mißlingen der Ver= ständigung zur Folge hätte, dann würde er für das erstere stimmen. Er ordnet also seine Ueberzeugung von Dem, was gut, was besser sei, den kategorischen Erklärungen der Re= gierungen unter. Meine Herren, wir sind nicht in dem Stadium, daß ich eine solche Er= klärung hier in meinem Namen abgeben könnte. Ich habe mit kurzen Worten, die ich vorher sprach, genau die Situation bezeichnet, wie sie liegt; ich habe gesagt, das Amen= dement Stolberg ist dasjenige, worüber die Regierungen sich verständigt haben und dessen Annahme auch die Annahme der gesammten Verfassung meines Erachtens in sichere Aussicht stellt. Wenn dieses Amendement, dieser von den Regierungen vereinbarte Text hier verworfen würde, dann hätte ich an die verbündeten Regierungen mit den anderen Kommissarien, und an Se. Majestät den König, meinen Allergnädigsten Herrn, zu be= richten und deren Entscheidung zu gewärtigen. Aber ich habe hier nicht in einer commi= natorischen Weise diese Entscheidung zu antizipiren.

(Nunmehr nahm das Haus einen Antrag auf Schluß der Debatte an — und schritt zur Abstimmung.

In namentlicher Abstimmung wurde das Amendement Graf Eberhard Stolberg mit 167 gegen 110 Stimmen abgelehnt.

Der Art. 60 des Entwurfs wurde angenommen, eben so Art. 61.

Es folgte die Diskussion über Art. 62 der Zusammenstellung (§. 58 der vorgelegten Ent=

wurfs). Derselbe bestimmt, daß zur Bestreitung des Aufwandes für das gesammte Bundesheer bis zum 31. Dezember 1871 dem Bundesfeldherrn jährlich soviel mal 225 Thlr. zur Verfügung zu stellen seien, als die Kopfzahl der Friedensstärke des Heeres nach Art. 60 beträgt. Zu diesem Art. 62 sind folgende Abänderungsvorschläge eingereicht:
I. Amendement Ausfeld: den Art. 62 zu streichen.
II. Amendement Graf Stolberg: im Art. 62 statt der Worte: bis zum 31. Dezember 1871, zu setzen:
„Bis zum Erlaß eines Bundesgesetzes."
III. Amendement Herzog v. Ujest – v. Bennigsen:
Der Reichstag wolle beschließen:
dem Art. 62 der Verfassungs-Beschlüsse folgenden Zusatz hinzuzufügen:
Nach dem 31. Dezember 1871 müssen diese Beträge von den einzelnen Staaten des Bundes zur Bundeskasse fortgezahlt werden. Zur Berechnung derselben wird die im Art. 60 interimistisch festgestellte Friedenspräsenzstärke so lange festgehalten, bis sie durch ein Bundesgesetz abgeändert ist.

Die Verausgabung dieser Summe für das gesammte Bundesheer und dessen Einrichtungen wird durch das Etatsgesetz festgestellt.

Bei der Feststellung des Militair-Ausgabe Etats wird die auf Grundlage dieser Verfassung gesetzlich feststehende Organisation des Bundesheeres zu Grunde gelegt.
IV. Unteramendement des Abg. Graf Otto v. Stolberg-Wernigerode zu dem Amendement der Abgeordneten Herzog v. Ujest und v. Bennigsen: In dem zweiten Satz des ersten Abschnitts zu setzen:

„Die Berechnung derselben erfolgt nach der in Art. 60 festgestellten Friedenspräsenzstärke, welche so lange von Jahr zu Jahr in Kraft bleibt, bis sie durch ein Bundesgesetz abgeändert ist."

An der Diskussion über den Art. 62 betheiligte sich nur der Abg. Schulze.

Nachdem dieser gesprochen, nahm das Wort der Vorsitzende der Reichstags-Kommissarien; derselbe erklärte:)

Ich erlaube mir an die Hohe Versammlung bei diesem Artikel von Neuem die dringende Bitte zu richten, sich wenigstens in diesem Falle für das Amendement des Grafen Stolberg-Wernigerode, welches statt der Worte „bis zum 31. Dezember 1871" setzen will „bis zum Erlaß eines Bundesgesetzes", und für das zu dem Hohenlohe'schen Amendement gestellte Sous-Amendement des Grafen Otto von Stolberg-Wernigerode erklären zu wollen. Geschieht das nicht, meine Herren, so laufen wir die Gefahr — ich überlasse es Jedem, die Berechnung anzustellen, daß, nachdem alle diejenigen Aenderungsanträge, welche den verbündeten Regierungen die Vorlage annehmbar machen würden, verworfen sind, die Vorlage nicht annehmbar wird und jetzt im letzten Augenblicke das Ziel der Berathung, welches wir glauben schon mit der Hand fassen zu können, entrollt und nicht erreicht wird. Diese Gefahr bitte ich sich zu vergegenwärtigen, ehe Sie dies verwerfen.

Erwiderung auf die Rede des Abgeordneten Simon.
16. April.

(Der Abg. Wigard reichte den Antrag ein, nach Abschnitt XII. folgenden neuen Abschnitt einzuschalten:
XII. Rechte der Angehörigen des Norddeutschen Bundes.
Art. ... Die Verfassungen und Gesetzgebungen der einzelnen Bundesstaaten müssen den Angehörigen derselben mindestens diejenigen Rechte gewähren, welche die preußische Verfassungs-Urkunde vom 31. Januar 1850 in Tit. II. „von den Rechten der Preußen" den preußischen Staatsbürgern verleiht."
Nachdem der Abg. Wigard diesen Antrag befürwortet hatte, wurde derselbe abgelehnt. Genehmigt wurden die Art. 73 und 74. Bei dem Art. 75 der Zusammenstellung (70 der Vorlage) beantragte der Abg. Simon, den 2. Theil dieses Artikels zu streichen.
Der Vorsitzende der Reichstags-Kommissarien erklärte:

Ich glaube, daß der Herr Vorredner nicht in der Lage ist, die Absichten der verbündeten Regierungen hier in der Weise interpretiren zu können, wie er es gethan hat, als könnte bei Abfassung dieses Artikels irgend einer der Regierungen der Gedanke vorgeschwebt haben, mit dieser Bestimmung etwa die Landes-Verfassungen in Bresche zu legen, die augenblicklich zu Recht bestehen. Das sind Befürchtungen, mit denen man schüchterne constitutionelle Gemüther bei Wahlreden ängstigt, um sie abzuhalten, daß sie konservativ stimmen; aber es wird der Regierung nicht vorgehalten werden dürfen, als ob das ernstlich in ihrer Absicht liegen könnte. Ich möchte doch dringend bitten, in diesem Moment nicht noch zu rütteln an einem Artikel, welcher in der Vorberathung vollständig unverändert geblieben ist, und in Betreff dessen ich also auch nicht in der Lage wäre, irgend eine Konzession zu machen.

Was ferner die Frage, die der Herr Vorredner an mich gerichtet hat, und die gestern schon in meiner Abwesenheit gestellt ist, über die Diäten betrifft, so weiß ich nicht, ob mir der Herr Präsident, da sie nicht zur Sache gehörte, gestattet, mit einem kurzen Worte darauf zu antworten. Ich habe in den Verfassungsentwurf nichts hineinzuinterpretiren, was nicht darin steht; und meines Erachtens steht das darin und liegt in der gesammten Lage unserer Gesetzgebungen, daß die Regierungen ohne eine strafgesetzliche Unterlage nur denen etwas verbieten können, denen sie überhaupt zu befehlen haben.

Thronrede zum Schluß des Reichstags des Norddeutschen Bundes.
17. April.

Erlauchte, edle und geehrte Herren vom Reichstage des Norddeutschen Bundes!

Mit dem Gefühle aufrichtiger Genugthuung sehe Ich Sie am Schlusse Ihrer wichtigen Thätigkeit wiederum um Mich versammelt.

Die Hoffnungen, die Ich jüngst von dieser Stelle zugleich im Namen der verbündeten Regierungen ausgesprochen habe, sind seitdem durch Sie zur Erfüllung gebracht.

Mit patriotischem Ernste haben Sie die Größe Ihrer Aufgabe erfaßt, mit freier Selbstbeherrschung die gemeinsamen Ziele im Auge behalten. Darum ist es uns gelungen, auf sicherem Grunde ein Verfassungswerk aufzurichten, dessen weitere Entwicklung wir mit Zuversicht der Zukunft überlassen können.

Die Bundesgewalt ist mit den Befugnissen ausgestattet, welche für die Wohlfahrt und die Macht des Bundes unentbehrlich, aber auch ausreichend sind, — den Einzelstaaten ist, unter Verbürgung ihrer Zukunft durch die Gesammtheit des Bundes, die freie Bewegung auf allen den Gebieten verblieben, auf welchen die Mannigfaltigkeit und Selbstständigkeit der Entwickelung zulässig und ersprießlich ist. Der Volksvertretung ist diejenige Mitwirkung an der Verwirklichung der großen nationalen Aufgaben gesichert, welche dem Geiste der bestehenden Landes-Verfassungen und dem Bedürfniß der Regierungen entspricht, ihre Thätigkeit von dem Einverständnisse des Deutschen Volkes getragen zu sehen.

Wir Alle, die wir zum Zustandekommen des nationalen Werkes mitgewirkt, die verbündeten Regierungen ebenso wie die Volksvertretung, haben bereitwillig Opfer unserer Ansichten, unserer Wünsche gebracht; wir durften es in der Ueberzeugung thun, daß diese Opfer für Deutschland gebracht sind und daß unsere Einigung derselben werth war.

In diesem allseitigen Entgegenkommen, in der Ausgleichung und Ueberwindung der Gegensätze ist zugleich die Bürgschaft für die weitere fruchtbringende Entwickelung des Bundes gewonnen, mit dessen Abschluß auch die Hoffnungen, welche uns mit unseren Brüdern in Süddeutschland gemeinsam sind, ihrer Erfüllung näher gerückt werden. Die Zeit ist herbeigekommen, wo unser Deutsches Vaterland durch seine Gesammtkraft seinen Frieden, sein Recht und seine Würde zu vertreten im Stande ist.

Das nationale Selbstbewußtsein, welches im Reichstage zu erhebendem Ausdruck gelangt ist, hat in allen Gauen des Deutschen Vaterlandes kräftigen Wiederhall gefunden. Nicht minder aber ist ganz Deutschland in seinen Regierungen und in seinem Volke darüber einig, daß die wiedergewonnene nationale Macht vor Allem ihre Bedeutung in der Sicherstellung der Segnungen des Friedens zu bewähren hat.

Geehrte Herren! Das große Werk, an welchem mitzuwirken wir von der Vorsehung gewürdigt sind, geht seiner Vollendung entgegen. Die Volksvertretungen der einzelnen Staaten werden dem, was Sie in Gemeinschaft mit den Regierungen geschaffen haben, ihre verfassungsmäßige Anerkennung nicht versagen. Derselbe Geist, welcher die Aufgabe hier gelingen ließ, wird auch dort die Berathungen leiten.

So darf denn der erste Reichstag des Norddeutschen Bundes von seiner Thätigkeit mit dem erhebenden Bewußtsein scheiden, daß der Dank des Vaterlandes ihn begleitet und daß das Werk, welches er aufgerichtet hat, sich unter Gottes Beistand segenbringend entwickeln wird für uns und für künftige Geschlechter.

Gott aber wolle uns Alle und unser theures Vaterland segnen!

Anhang.

Rede über die Vereinigung der Herzogthümer Schleswig und Holstein mit der preußischen Monarchie.

Ministerpräsident Graf v. Bismarck: Der Herr Abg. (Twesten) stimmt für die Annexion. Ich bedaure, daß, über den Zweck hinaus, diese Abstimmung zu motiviren, seine Rede hauptsächlich eine versuchte Beweisführung gewesen ist, daß die Schleswig-Holsteiner Grund hätten, übler Laune zu sein über Alles, was ihnen von Preußen widerfahren ist. Ich erlaube mir, zunächst einige unrichtige Thatsachen, auf welche der Herr Redner diese Beweisführung begründete, nochmals zu berichtigen. Ich erkläre es für positiv falsch, daß der Prinz von Augustenburg jemals die Preußischen Februarbedingungen angenommen hat, und wir würden genöthigt sein, die Briefe, welche darüber vorliegen, wenn diese unwahren Behauptungen ferner aufrecht erhalten werden sollten, zu veröffentlichen, obwohl sie ursprünglich nicht dazu bestimmt gewesen sind. Er hat sie stets nur so angenommen, daß er sich eine Hinterthür offen gehalten; er hat in uns die Ueberzeugung geweckt, daß die vorbehaltene ständische Zustimmung von ihm zu diesen Bedingungen nicht gesucht werden werde, daß er vielmehr im Einzelnen, vermöge der ständischen Weigerung, loszukommen suchen werde und gerade von dem Wichtigsten. Bei der bekannten, oft erwähnten Unterredung, die der Herr Vorredner nochmals angeführt hat, obschon ich nicht weiß, was sie mit dem heutigen Zweck zu thun hat, muß ich zunächst bestreiten, daß der Prinz in einem gereizten Zustande gewesen ist. Die Unterredung dauerte drei Stunden, von neun Uhr bis Mitternacht. Am Schlusse derselben hat sich der Prinz in vollkommen freundlicher Beziehung von mir verabschiedet und gesagt, er werde sich die Sache in Dolzig weiter überlegen und von dort aus schreiben. Ich muß der Behauptung des Herrn Vorredners in meinem persönlichen Interesse entgegentreten. Ich habe nicht die Gewohnheit, in meinem eigenen Hause und unter vier Augen unhöflich zu sein, und bei politischen Verhandlungen glaube ich mich immer so verhalten zu haben, daß mein Gegenpart nicht ohne sachlichen Anlaß in einen gereizten Zustand versetzt wird. Hätte ich gewußt, daß diese Details heute von der Tribüne vorgebracht werden würden, so würde ich mich aus den Acten vergewissert haben, wie sie damals lagen. Ich kann nicht Alles behalten, was in drei Jahren geschieht; aber dessen erinnere ich mich ganz genau, daß die Forderung, welche ich dem Prinzen jemals in Aussicht stellte, hinter den Februarbedingungen sehr weit zurückstand. Es handelte sich um ein Hafengebiet und um feste Stellungen an den beiden Endpunkten des Nordostseekanals. Die militärischen Beziehungen konnten zwischen uns damals gar nicht so genau discutirt werden, in allen anderen waren unsere Ansprüche damals sehr viel gemäßigter, als später in den Februarbedingungen, und ich glaube versichert zu sein, daß ich mich dem entsprechend geäußert habe. Ich erinnere mich sicher, daß, als ich von dem Hafengebiet sprach, der Prinz darauf hinwies, das könnte sich ja gar um „Quadratmeilen" handeln, woraus Sie den Maßstab dessen, was er zu bewilligen bereit war, entnehmen können. — Daß ich in früheren Zeiten zu irgend Jemand gesagt haben solle, ich zöge die Personalunion der Einsetzung der Familie Augustenburg vor, muß ich stark bezweifeln. Ich kann natürlich, wie schon gesagt, nicht jedes Wort im Gedächtniß behalten, was ich zu den vielen hundert Deputationen, die ich gesehen habe, gesprochen habe; dieses aber kann ich nicht gesagt haben, denn es ist nie meine Meinung gewesen, und warum sollte ich grade diesen Leuten in dieser Richtung das Gegentheil meiner Meinung sagen! Ich habe stets an dem Klimax festgehalten, daß die Personalunion besser war, wie das, was existirte, daß ein selbstständiger Fürst besser war, als die Personalunion und daß die Vereinigung mit dem Preußischen Staate besser war, als ein selbstständiger Fürst. Welches davon das Erreichbare war, das konnten allein die Ereignisse lehren. Wäre Personalunion das Maximum des Erreichbaren gewesen, so hätte ich mich vor der Hand bei der damaligen Lage der Dinge im Interesse Deutschlands nicht berechtigt und berufen gehalten, diese Abschlagszahlung zurückzuweisen. Aber es ist nicht zweifelhaft, daß im ganzen Laufe des Jahres 1864 eine für uns irgend annehmbare Verständigung mit dem Prinzen von Augustenburg nicht zu erreichen war, und daß der Prinz die Bedingungen, die Se. Majestät und Sr. Majestät Minister allein annehmbar hielten, nicht eingegangen ist. Ich kann noch weiter gehen, wenn wir einmal auf Persönlichkeiten kommen. Noch im vorigen Jahre, kurz vor den Gasteiner Verhandlungen, habe ich den Königlich Baierischen Minister, Freiherrn v. d. Pfordten, gebeten, ob er nicht seine Vermittelung dahin eintreten lassen wolle, daß zur Verhütung eines Konfliktes, der ganz Deutschland ergreifen könnte, Unterhandlungen geführt würden, durch welche der Prinz von Augustenburg bewogen werde, einen für Preußen annehmbaren Frieden mit Sr. Majestät zu machen, wobei ich erklärte, daß ich dem Prinzen zu diesem Behufe an dem Königlichen Hofe eine günstige Aufnahme vermitteln würde, wenn der Prinz sich dorthin begeben wolle. Herr Freiherr v. d. Pfordten übernahm sehr bereitwillig diese Vermittelung; er hat sich demgemäß an den Prinzen, ob an dessen Räthe ebenfalls, weiß ich nicht, gewendet; er hat jedoch darauf zuerst mehrere Wochen lang gar keine Antwort bekommen und später eine kühle und vornehme Ablehnung. Hierfür habe ich Zeugen. Wenn ferner behauptet worden ist, daß sich ein Unterschied in dem Eroberungsverhältniß von Schleswig-Holstein und dem von Hannover behaupten ließe, so ist dies nur so zu acceptiren, daß unser Eroberungsrecht an den Herzogthümern jedenfalls ein noch stärkeres ist; es ist ein doppeltes! Wir haben sie zuerst den Dänen und zweitens dem mit unseren kriegerischen Feinden verbündeten Prinzen von Augustenburg abgenommen. Nehmen Sie an, der Prinz wäre wirklich legitimer Regent gewesen, so ist er eben so sehr der Bundesgenosse unserer kriegerischen Gegner gewesen, als der König von Hannover oder der Kurfürst von Hessen. Er ist es aber mit mehr Besonnenheit gewesen, mit mehr Berechnung und mit weniger Offenheit. Wäre unser Vorgehen in der Mitte Juni dieses Jahres weniger schnell erfolgt, so würden wir es erlebt haben, daß auf der Basis des Bundesbeschlusses vom 14. Juni c. sich in Hannover, an dem Krystallisationspunkte des Gablenz'schen Corps, Hannoversche und Augustenburgische Truppen bei Stade gesammelt hätten, um gegen uns im Felde zu operiren und eine Diversion gegen Berlin zu machen. Ich bedaure, daß der Herr Vorredner von der Höhe der politischen Auffassung, die ihn sonst kennzeichnet, herabgestiegen ist, um Persönlichkeiten auf der Tribüne in diesem Augenblicke vor die Oeffentlichkeit zu bringen. Ich kenne nicht die einzelnen untergeordneten Beamten in der Verwaltung von Schleswig-Holstein; ich habe in diesem Augenblick auch nicht die Zeit, mich darum zu bekümmern. Ich muß mein volles Vertrauen auf den Baron v. Scheel-Plessen setzen, und er genießt es in vollstem Maße. Er ist der erste Schleswig-Holsteiner, der schon im Jahre 1864 in Schönbrunn mir den festen Entschluß aussprach, für nichts Anderes, als für den Anschluß an Preußen zu wirken, und die Verdächtigung, daß er dänischen Interessen diene, ist eine, die er nicht verdient und die ich auf das Bestimmteste zurückweise; ich baue auf seine Treue ebenso fest, wie auf die irgend eines andern Dieners Sr. Majestät des Königs. Daß die K. Staatsregierung ihn in diesem Momente mit einer Freiheit schalten lassen muß, daß ein so schneidiger und entschiedener Charakter, wie der des Herrn v. Plessen, der sich viele Jahre lang im Kampfe für sein Land gegen Dänemark bewährt hat, seine unbequemen, seine rauhen Seiten hat, die ihn mitunter über das Ziel hinausschießen laſſen mag und Freunde verletzen, anſtatt der Gegner, das mag ſein; dergleichen iſt von einer kräftigen und männlichen Natur oft unzertrennlich. Ich habe aber ſo viel im Amte gelernt, daß man es mit in den Kauf nehmen muß. Man muß bei einer ſtarken und ſonſt zuverläſſigen Perſönlichkeit auf ſolche kleine Reibungen gefaßt ſein und daraus keine Urſache zum Bruch oder zu einer Anklage machen. Ich habe nicht Zeit und halte es nicht für zweckmäßig, die Geſchäfte dergeſtalt zu centraliſiren, daß man gewiſſermaßen in jedem Gensdarm perſönlich drinſitzen will; es iſt ja ein gerechter Vorwurf gegen die Preußiſche Verwaltung, daß jede Brücke im Lande vom Miniſterium ſelbſt gebaut wird und daß jede kleine rechthaberiſche Lokalbe= ſchwerde von verletzten Gemüthern gleich an die große Glocke gehängt wird, mit dem Verlangen, daß man deshalb die höchſten Beamten und gleich ganze Syſteme wechſelt.

— Ich komme zu einem andern, ſchwerer wiegenden Vorwurfe, den der Herr Vorredner unſerer Politik macht und zu deſſen Beſprechung ich etwas weiter ausholen muß; ich meine den wegen der Möglichkeit der Abtretung eines Theiles von Nord=Schleswig. Der Herr Vorredner hat auch dieſen und, wie mir ſcheint, die ganze Weltlage aus dem aus= ſchließlich Schleswig=Holſteiniſchen Standpunkte aufgefaßt. So können wir die Frage nicht beurtheilen. Wären wir mit Schleswig=Holſtein und mit Dänemark allein auf der Welt, ſo würde ein ſolcher Friedens=Paragraph nicht exiſtiren. Ich muß um Verzeihung bitten, wenn ich hierbei weitläufiger werde, als ſonſt meine Gewohnheit iſt, oder wenig= ſtens doch weiter ausholen muß, um ihnen die Gründe klar zu legen, welche die Königl. Staatsregierung beſtimmt haben, einen dem öffentlichen Gefühle widerſtrebenden und mit den reichen Erfolgen Preußens anſcheinend im Widerſpruch ſtehenden Artikel in den Frie= den aufzunehmen. Die politiſche Geſtaltung, welche Europa im Jahre 1815 erhalten hat, die Beziehungen der Kabinette zu einander, von da ab bis zum Jahre 1840, geben das Bild eines großen Europäiſchen Defenſivſyſtems gegen Frankreich. Es war dies die natürliche Rückwirkung der Eroberungskriege des erſten Franzöſiſchen Kaiſerreichs. Die= ſes Syſtem gewährte ſeinen Theilnehmern eine Sicherheit, aber eine abhängige, wenig= ſtens für Preußen. So lange Preußen ihm angehörte, mußte es auch den unglücklichen Zuſchnitt, der ihm im Jahre 1815 zu Theil geworden war, ertragen, mit ſeinem Kom= mißbrot zufrieden ſein. Es hatte dafür Schutz und Sicherheit. Die früheren Regierun= gen haben es nicht für zweckmäßig gehalten, Gelegenheiten, die zur Abwerfung dieſes Syſtems ſich boten, zu benutzen. Dieſes Syſtem iſt gefallen ohne Preußens Zuthun. Wäre alſo durch ſeinen Fall die Sicherheit in zu hohem Grade beeinträchtigt, ſo wäre Preußen ſelbſt daran unſchuldig; es iſt gefallen durch das Jahr 1848, durch die Politik, die ſeit dem Jahre 1848 oder beſſer ſeit dem Jahre 1850 von Oeſterreich gegen Preußen getrieben wurde, und die es ſehr ſchwer machte, das frühere maßgebende Vertrauen zu Oeſterreich wieder zu erzeugen. Den letzten Stoß hat die heilige Alliance bekommen durch den orientaliſchen Krieg, durch das Verhalten Oeſterreichs gegen Rußland, und der Zer= fall dieſer Alliance hinterließ einen Zuſtand, in dem Preußen mit Recht oder Unrecht von dem Auslande und, zum großen Theil, von ſeinen eigenen Angehörigen als permanent hülfsbedürftig und von Frankreich angeſehen und mit dieſe angebliche Hülfsbedürftigkeit zur Baſis der Spekulation auf unſere Nachgiebigkeit und Beſcheidenheit gemacht wurde. Dieſe Spekulation iſt in dem letzten Jahrzehnt, namentlich von Oeſterreich und von einem Theile unſerer Deutſchen Bundesgenoſſen, ſehr weit getrieben worden. War ſie eine be= rechtigte? fragt man ſich. Die Intereſſen Preußens tragen an und für ſich nichts in ſich, was uns nicht den Frieden und ein freundlich=nachbarliches Verhältniß zu Frankreich wünſchenswerth machte. Wir haben bei einem Kriege mit Frankreich, ſelbſt bei einem glücklichen, nichts zu gewinnen. Der Kaiſer Napoleon, im Widerſpruch zu anderen Fran= zöſiſchen Dynaſtieen, hat in ſeiner Weisheit erkannt, daß Frieden und gegenſeitiges Ver= trauen im Intereſſe beider Nationen liege; daß ſie von der Natur nicht berufen ſeien, ſich gegenſeitig zu bekämpfen, ſondern als gute Nachbarn die Bahn des Fortſchritts in Wohl= fahrt und Geſittung mit einander zu wandeln. Zu ſolchen Beziehungen mit Frankreich

5

ist nur ein selbstständiges Preußen befähigt; eine Wahrheit, die vielleicht nicht von allen Unterthanen des Kaisers gleichmäßig erkannt wird. Wir aber haben es amtlich nur mit der Französischen Regierung zu thun. Ein solches Nebeneinandergehen bedingt eine wohl= wollende Schonung der Interessen beider Völker. Welches sind nun im großen Ganzen, ohne den zufälligen Stoß vorübergehender Ereignisse in Ansatz zu bringen, die Interessen Frankreichs in Bezug auf Deutschland? — Betrachten wir sie ganz ohne deutsches Vor= urtheil, suchen wir uns auf den Französischen Standpunkt zu setzen! Es ist das die ein= zige Art, fremde Interessen mit Gerechtigkeit zu beurtheilen. Es kann für Frankreich nicht erwünscht sein, daß in Deutschland eine Uebermacht entsteht, wie sie sich darstellen würde, wenn man sich ganz Deutschland unter Oesterreichischer Leitung geeinigt dächte, ein Reich von 75 Millionen, ein Oesterreich bis an den Rhein; selbst ein Frankreich bis an den Rhein würde kein ausreichendes Gegengewicht bilden. Es ist für ein Frankreich, welches mit Deutschland in Frieden leben will, ein Vortheil, wenn Oesterreich an diesem Deutschland nicht betheiligt ist, indem die Oesterreichischen Interessen mit den Französischen mannichfach collidiren, sei es in Italien, sei es in dem Orient. Zwischen Frankreich und einem von Oesterreich getrennten Deutschland sind dagegen die Berührungspunkte, die zu feindlichen Beziehungen führen können, viel weniger zahlreich; und daß Frankreich den Wunsch hegt, zum nächsten Nachbar einen solchen zu haben, mit dem es Aussicht hat, in Frieden zu leben, einen solchen, dem 35 oder 38 Millionen Franzosen im defensiven Kampfe vollständig gewachsen sind, ist ein natürliches Interesse, das kann man ihm nicht verargen. Ich glaube, daß Frankreich, in richtiger Würdigung seiner Interessen weder zugeben konnte, daß die Preußische Macht noch daß die Oesterreichische verschwände. — Welches sind weiter die Interessen Frankreichs bei der Europäischen Entwickelung, na= mentlich unter der jetzigen Dynastie? Es ist die Berücksichtigung der Nationalitäten. Diesem System entsprechend hat Frankreich die Dänische Frage von Anfang an aufge= faßt; die Französische Regierung hat schon auf der Londoner Conferenz und in der Zeit vor und nach ihr eine weniger schroffe Stellung gegen die Deutschen Ansprüche Dänemark gegenüber eingenommen, soweit diese Ansprüche mit der Idee der Nationalität zusammen= fielen. Die vollständige Durchführung des Nationalitäts=Principes ist bekanntlich auf der Dänischen Grenze ganz unmöglich, weil die Nationalitäten so gemischt sind, daß sich nir= gends eine Grenze, die sie vollständig von einander sondert, ziehen läßt; aber es war das Princip im Großen, welches Frankreich vertreten hat, und welches es Frankreich möglich machte, den Deutschen Bestrebungen nicht mit der Schärfe gegenüber zu treten, wie es von andern Mächten geschah. In der Zwischenzeit ist man in vertraulichen Besprechungen mit Dänemark, mit andern Mächten häufig auf diese Frage zurückgekommen; wir haben niemals die Initiative dazu ergriffen, weil sie uns keine bequeme war. Ich bin stets der Meinung gewesen, daß eine Bevölkerung, die wirklich in zweifellos und dauernd mani= festirtem Willen, nicht Preußisch oder nicht Deutsch sein will, die in zweifellos manifestir= tem Willen einem unmittelbar angrenzenden Nachbarstaat ihrer Nationalität angehören will, keine Stärkung der Macht bildet, von welcher sie sich zu trennen bestrebt ist. Man kann zwingende Gründe haben, dennoch auf ihre Wünsche nicht einzugehen, die Hinder= nisse können geographischer Natur sein, die es unmöglich machen, solche Wünsche zu be= rücksichtigen. Es fragt sich ob und in wie weit dies hier zutrifft. Die Frage ist eine of= fene; wir haben jederzeit bei ihrer Erörterung hinzugefügt, daß wir uns niemals dazu herbeilassen können, unsere militärische Sicherheitslinie durch irgend ein Arrangement zu compromittiren, daß wir wohl aber zweifellos und unabhängig ausgesprochene Wünsche, deren Beharrlichkeit und ehrliche Konstatirung klar wäre an dieser geographischen Stelle, unter Umständen berücksichtigen könnten. So ungefähr hat eine Anzahl vertraulicher Be= sprechungen in der Zwischenzeit gelautet. — So lag die Sache, als Frankreich durch die Ereignisse im Juli d. J. in die Lage kam, seine eigenen Wünsche mit einem ungewöhnlich starken Gewicht zu accentuiren. Ich brauche Ihnen die Situation nicht zu schildern, sie ist bekannt genug, und Niemand hat Preußen zumuthen wollen, zwei große Europäische

Kriege gleichzeitig zu führen, oder in dem Momente, wo es den einen führte und die Früchte desselben noch nicht gesichert hatte, seine Beziehung zu anderen Großmächten zu compromittiren. In dieser Lage der Dinge wurde Frankreich von Oesterreich zum Vermittler der Streitigkeiten berufen, also vollkommen legitim durch einen der streitenden Theile berufen, seine Meinung geltend zu machen. Daß Frankreich die Erfordernisse seiner Politik berücksichtigte, kann ihm Niemand verdenken; darüber, daß es sie mit Mäßigung geltend gemacht hat, ist es, glaube ich, für das Publikum noch zu früh, zu urtheilen, und ich möchte Sie bitten, dies der Aggretiation der Regierung zu überlassen. An uns trat die Frage heran, nicht, ob wir es den Wünschen der Schleswig=Holsteiner entsprechend hielten, sondern die, ob wir in der Europäischen Lage, in der wir uns vor Wien befanden, die Gesammtheit dessen, was uns von Oesterreich unter Französischer Vermittelung geboten wurde, annehmen oder ablehnen wollten. Die Materialien zur Entschließung waren nicht eben in der wünschenswerthen Vollständigkeit gegenwärtig; Detail=Verhandlungen unmöglich; unsere Communicationen waren unterbrochen, die Telegramme brauchten drei, mitunter sechs Tage, bevor sie aus den Europäischen Residenzen ins Hauptquartier gelangten, weil die Linien auf dem Kriegsschauplatze vielfach abgeschnitten waren. Es war also nur die allgemeine Europäische Lage und die eigene augenblickliche Stimmung als Motive zur Entscheidung Sr. Majestät des Königs zu nehmen. Wir hatten eine starke Anlehnung an der unerschütterlichsten Vertragstreue Italiens, die ich nicht genug rühmen und deren Werth ich nicht hoch genug anschlagen kann. Die Italienische Regierung hat der Versuchung, sich durch ein Geschenk Oesterreichs, des gemeinschaftlichen Feindes, von dem Bunde abziehen zu lassen, mit großer Entschiedenheit widerstanden und wir knüpfen an diese Thatsachen gegründete Hoffnungen auf die zukünftigen freundschaftlichen und natürlichen Beziehungen zwischen Deutschland und Italien, aber ungeachtet dieser in der Diplomatie und auf dem Schlachtfelde werthvollen Bundesgenossenschaften entnahmen wir der Gesammtlage die Ueberzeugung, daß wir den Bogen nicht zu straff spannen durften, daß es nicht angemessen sei, durch Verwerfung von Einzelheiten die Gesammtheit des Errungenen wieder in Frage zu stellen und ihre Sicherstellung vielleicht von weiteren Europäischen Complicationen abhängig zu machen. Es ist sehr schwer, von Hause aus zu übersehen und zu ermessen, wie weit eine Discussion angebotener Bedingungen führt, oft von kleinen Ausgangspunkten zu schweren Differenzen; ich habe selbst Seiner Majestät unumwunden dazu gerathen, wie die Vermittelungsvorschläge vor uns gelegt wurden à prendre ou à laisser, einzuschlagen und anzunehmen, und nicht wie ein verwegener Spieler das Ganze nochmals aufs Spiel zu setzen. Diesen Verhältnissen, m. H., verdankt diese Klausel in dem Vertrage ihre Entstehung. Die vage Fassung, die sie erhalten hat, läßt uns eine gewisse Latitude der Ausführung; ich halte aber für nöthig, anzuführen, daß, wenn wir auch der Amendirung der Commission nicht widersprechen, wir uns doch unmöglich durch die Commission und die Beschlüsse des Landtages von Verpflichtungen entbinden lassen können, die wir eingegangen sind, sondern wir müssen sie halten, aber wir werden sie so zur Ausführung bringen, daß über die Abstimmung, auf deren Grund wir verfahren, über deren Freiwilligkeit und Unabhängigkeit und über den definitiven Willen, der dadurch kundgegeben wird, kein Zweifel bleibt. — Ich weiß nicht, ob die Discussion weiter fortgeführt wird oder ob ein baldiger Schlußantrag bevorsteht. Sollte Ersteres der Fall sein, so möchte ich die Herren darum bitten, die Discussion in diesem Momente doch nicht zur Ablagerung von mehr oder weniger feindseligen Parteiansichten zu benutzen, sondern in diesem Augenblicke den Blick nur nach außen zu richten und die Nothwendigkeit im Auge zu behalten, daß wir Rücken an Rücken stehen und das Gesicht dem Auslande zuwenden müssen, um gemeinschaftlich unsere Interessen zu wahren. Es würde mir um so lieber sein, als ich leider nicht im Stande bin, der Discussion bis zum Ende beizuwohnen, indem ich nun diese Zeit nothwendig bei den Verhandlungen der Norddeutschen Bevollmächtigten werde zugegen sein müssen.

Rede über den Grenzverkehr mit Rußland.
27. Januar 1867.

(In der heutigen Plenarsitzung des Abgeordnetenhauses kam zunächst die nachfolgende Interpellation des Abgeordneten von Waligorski zur Vorlesung:

An die Königliche Staats-Regierung erlaube ich mir die Frage zu richten:

"Ob und welche Schritte sie gethan habe oder zu thun gedenke, um eine, den bestehenden völkerrechtlichen Vertrags-Verpflichtungen, dem notorischen Bedürfnisse des Großherzogthums Posen und der beiden anderen Nachbarprovinzen, so wie den Anforderungen der Neuzeit entsprechende Regulirung des Grenzverkehrs mit dem Königreiche Polen und der Kaiserlich russischen Staaten von der russischen Regierung zu erlangen — respective auf die Abstellung der von ihr in neuerer Zeit angeordneten Verkehrs-Hemmungen und sonstigen Vexationen diesseitiger Staatsangehörigen zu dringen."

Der Präsident des Staatsministeriums Graf von Bismarck erklärte sich zur sofortigen Beantwortung bereit:

Wenn es die Absicht der Herren Interpellanten gewesen ist, einem auswärtigen Minister eine Verlegenheit geschäftlicher Natur zu bereiten, so ist diese Absicht von Ihnen vollständig erreicht worden. Es ist für einen auswärtigen Minister nicht möglich, sich hier von dieser Stelle zum öffentlichen Ankläger einer befreundeten und benachbarten Regierung zu machen; es widerstreitet dies jeder völkerrechtlichen Tradition. Der Weg, zwischen Regierungen Beschwerden zu erledigen, ist der der diplomatischen Korrespondenz, nicht der der öffentlichen Declamation. Auf der anderen Seite wiederum möchte ich nicht, daß aus einem Stillschweigen der Regierung gefolgert werden könnte, daß nach unserer Meinung der Grenzverkehr sich in einer uns erwünschten Lage befände. Eben so wenig möchte ich durch Entwickelung der Genesis der jetzigen Lage, durch Erklärung der Haltung der russischen Regierung, ihr bei den Diskussionen, die wir mit ihr haben werden, Argumente an die Hand liefern, die wir bisher zurückgehalten haben. Es ist also schwierig für den auswärtigen Minister, sich über eine solche Frage öffentlich auszusprechen. Ich glaube, daß der Herr Interpellant ein schätzbares Material zusammengestellt hat, von dem die höheren russischen Behörden gern auf diesem Wege Kenntniß nehmen werden, nur hätte ich gewünscht, daß er sich etwas kürzer gefaßt hätte, indem es dann mehr Leser in den höheren Kreisen finden würde, und daß er es frei gehalten hätte von Uebertreibungen und Verdächtigungen der Haltung der Königlichen Regierung in Betreff des Schutzes, den sie ihren Angehörigen leistet, Verdächtigungen, die ich als unwahr zurückweise, und die zu meinem Bedauern dazu beitragen, das Gewicht der Thatsachen auf dem handelspolitischen Gebiet abzuschwächen, die der Herr Redner vorgebracht hat. Ich kann mich in dieser Beziehung dem Bedauern nur anschließen, daß die Interpellation nicht von Jemandem gestellt worden ist, der sich von polnischen und antipreußischen Sonderbestrebungen vollständig frei gewußt hätte.

Daß der Grenzverkehr nicht in der Lage ist, welche die Regierung für eine normale anerkennt, und daß er dies seit 50 Jahren nicht gewesen ist, das beweisen die niemals abgebrochenen und, wie ich glaube, jetzt nicht aussichtslosen Verhandlungen, die über eine Verbesserung des Grenzverkehrs gepflogen worden sind. Ich habe hier zufällig einen Aktenfascikel bei mir, der von diesen Verhandlungen — blos diejenigen allgemeiner Natur — aus der zweiten Hälfte des Jahres 1842 umfaßt. Die sämmtlichen anderen fünfzig Jahrgänge sind für die Registratur kaum weniger fruchtbar gewesen, wie der von 1842. Es sind damit nicht etwa die sehr viel zahlreicheren Akten über Privatbeschwerden gemeint, die in unseren Registraturen und der der Petersburger Gesandtschaft lagern, sondern nur die allgemeinen Verhandlungen zur Verbesserung der jetzigen Situation. Daß also die Regierung in dieser Beziehung nicht die Mühe gescheut hat, können sie schon daraus entnehmen. Wenn die Lage trotzdem noch immer sehr weit entfernt davon ist, befriedigend zu sein, so geht die Behauptung des Herrn Interpellanten, daß dies eine Folge der Verletzung von Verträgen sei, doch etwas zu weit, die Verletzung von Verträgen — ich würde sehr dankbar sein, wenn mir Fälle namhaft gemacht würden, in denen sie stattgefunden hat, einzelne Fälle, wo gegen bestimmte Artikel gültiger Verträge verstoßen worden wäre. Die Königliche Regierung würde kein Anstand nehmen, sofort für die Aufrechterhaltung der Verträge einzutreten, und sie hat die Ueberzeugung, daß sie in solchem Falle bei den höheren russischen Behörden Gehör finden würde.

Der Herr Interpellant hat den Vertrag vom 3. Mai 1815 citirt. Er hat aber, wie dies leider bei Citirungen von Verträgen über Polen schon öfter der Fall gewesen ist, nicht vollständig citirt. Die Stellen, die er angeführt hat — ich habe hier das Original des Vertrages — erlaube ich mir in ihrer Vollständigkeit zu verlesen. Also: La navigation de tous les fleuves etc. Das war richtig citirt, und dann sera libre de toute sorte qu'elle ne puisse être interdite à aucun des habitans des provinces polonaises qui se trouvent sous les Gouvernemens Prussien et Russe. Also nur für die Bewohner der dortigen Provinzen war diese Freiheit stipulirt, und es war keine Freiheit von Abgabe, wie aus den folgenden Artikeln hervorgeht, wo die Natur der anzulegenden Abgabe näher definirt wird, sondern es sollte nur die Schifffahrt nicht untersagt werden dürfen. Dann ist es ebenso mit einem anderen Artikel, 28, den der Herr Vorredner citirt hat, wo die Regierungen, um leurs vûes bienfaisantes et paternelles, kund zu geben, überein gekommen sind: „de permettre à l'avenir et pour toujours entre toutes Leurs provinces polonoises (à dater de 1772) la circulation la plus illimitée de toutes les productions et produits du sol et de l'industrie de ces mêmes provinces."

Und in einem folgenden Artikel ist die Rede von den productions de la nature du sol, des manufactures et des fabriques des provinces mentionnées. In diesen Zusätzen liegt die Unausführbarkeit des Vertrages, der damals stipulirt war. Und hier, meine Herren, beweist sich gerade der Nachtheil solcher Interpellationen. Wir haben der russischen Regierung niemals zugegeben, daß dieser Vertrag unausführbar sei; aber ich will lieber es offen bekennen, daß er es ist, als daß die Regierung hier beschuldigt werde, die Interessen der Königlichen Unterthanen muthwillig oder aus Konnivenz zu vernachläßigen, indem sie nicht auf Ausführung der Verträge besteht. Dieser Vertrag, wie Sie aus dem Wenigen, was ich vorgelesen habe, ersehen, denkt sich eine Zolleinheit des ehemaligen Polens in seinen Grenzen von 1772. Ob die Unterzeichner die Convention für ausführbar gehalten haben, lasse ich dahingestellt sein. Daß wir aber das preußische Zollgebiet mit Ausnahme von Ermeland, Westpreußen und Posen nicht zerreißen, Ostpreußen davon nicht absondern, nicht den Zollverein der Convention wegen sprengen können, das liegt auf der Hand. Eben so unausführbar wird es sein, daß sich Rußland in zwei Zollgebiete spalte, von denen das eine diesseits, das andere jenseits der Grenzen Polens von 1772 liegt. Diesen Uebelstand bei dem Vertrage vom 3. Mai 1815 hat der Interpellant sorgfältig nicht hervorgehoben. Der Herr Interpellant selbst war der Meinung, daß er die einzig vertragsmäßige Basis wäre, welche wir Rußland gegenüber besäßen. Ich würde es bedauern, wenn dem so wäre, denn die Convention giebt wenig Mittel; diese wurden erst gewonnen durch spätere Verhandlungen und provisorische Abkommen, die die Rechte aus dem Vertrag utilisirt haben. Die ersten waren schon aus dem Jahre 1818, dann mehrere andere später, zuletzt 1842, wo von Rußland die concessions definitives gegeben wurden, die noch heute die Basis unserer Verkehrsbeziehungen bilden. Also wenn der Herr Interpellant den Vertrag 1815 die einzige völkerrechtliche Basis nennt, so hat er uns weniger zugebilligt, als wir Rußland gegenüber besitzen. Eine Verletzung völkerrechtlicher Verträge, wenn die existirt, deren Beweis gewärtige ich, und ich werde dann nicht anstehen, sie mit Energie zu verfolgen. Einstweilen wird der Herr Interpellant genöthigt sein, uns lediglich darauf zu verweisen, daß wir Rußland gegenüber die Anforderungen der Neuzeit und die Bedürfnisse unserer Grenz-Provinzen geltend machen. Daß die Anforderungen der Neuzeit völkerrechtliche Verpflichtungen dem russischen Reiche nicht auflegen, wird der Herr Interpelland zugeben und daß ebensowenig völkerrechtliche Verpflichtungen Rußland nöthigen, unsere Grenzprovinzen zu berücksichtigen, wird auch nichtzweifelhaft sein.

Ich erlaube mir noch einen Ausdruck des Herrn Vorredners zu reloviren, der gerade in diese Gedankenreihe schlägt: er begreife nicht, wie die preußische Regierung diesen Ukas hätte bewilligen können. Ja, meine Herren, wir werden bei der Gesetzgebung Rußlands nicht zugezogen, und ich müßte nicht, unter welchem Titel wir dort ein Bewilligungsrecht ausüben sollten. Das Einzige, was wir geltend machen können Rußland gegenüber, ist das eigene russische Interesse, und dessen Pflege allein kann, wo Verträge fehlen, die Aufgabe der russischen Regierung sein. Daß unserer Meinung nach diese Pflege nicht in der richtigen Richtung und in dem richtigen Maße erfolgt, haben wir der Kaiserlichen Regierung unzählige Male gesagt, sie ist aber der Meinung, daß sie selbst am Besten beurtheilen könne, was ihren Interessen entspreche oder nicht, und wir können dagegen völkerrechtlich nichts einwenden, sondern uns nur mit dem traurigen Troste begnügen, daß Rußlands Interessen unter dieser Grenzsperre mehr leiden, als unsere.

Wenn der Herr Vorredner in seinen bedauerlichen Uebertreibungen so weit gegangen ist, unsere östlichen Provinzen als ein absterbendes Glied zu betrachten, welches an der Pest des Pauperismus zu leiden anfange, so will ich ihm eine ihm vielleicht selbst bekannte Thatsache citiren und ihn aufmerksam machen auf den Preis der Grundstücke diesseits und jenseits der für das menschliche Auge nicht weiter kenntlichen preußisch-russischen Grenzlinie. Ich will die Zahlen, die mir angegeben sind, nicht verbürgen; ich will nur anführen und werde gern berichtigt werden; mir ist gesagt, daß ein Morgen guter Boden in Kujawen diesseits der Grenze mit durchschnittlich 80 Thlrn., jenseits der Grenze mit 20 bis 25 Rubel bezahlt wird, und zwar Grundstücke, die neben einander grenzen und die an Beschaffenheit und Klima ganz dieselben Vortheile und Ertragsfähigkeit gewähren. Das möge den Beweis liefern, wo die Folgen der Grenzsperre am fühlbarsten sind und wo der Pauperismus als Ergebniß derselben zu Tage tritt.

Ich erlaube mir auf einige der angeführten Einzelnheiten einzugehen, über die ich mir aus dem Ministerium Materialien habe geben lassen, namentlich über den Ukas vom Jahre 1845, den der Herr Vorredner ohne Zweifel — ich habe ihm nicht genau folgen können — richtig angeführt haben wird. Die Bemühungen unserer Gesandtschaft und unseres General-Konsuls und des von uns für die Sache des Handelsvertrages besonders dahin kommittirten Rathes sind leider bisher erfolglos geblieben, indem die Kaiserliche Regierung anführte, daß sie an einer seit Kurzem eingeführten und vom Kaiser selbst genehmigten gesetzlichen Bestimmung nichts ändern könne. In anderen Fällen, wo Erschwerungen im Reiseverkehr zur diesseitigen Kenntniß gelangt sind, ist zum Theil Abhülfe erreicht worden; aber hier sind schon viel spezielle Fälle angeführt; ich will die Zahl nicht vermehren, und erwähne nur die Arbeiter im Hüttenwerk der Herren Grafen von Renard und von Kramsta und diejenigen im Kreise Lipno, denen russischerseits die Pässe abgenommen waren. Meine Herren! Wir können in diesem Ukas sehr rasch eine Abänderung erzielen, wenn wir uns dazu verstehen wollten, einen Kartelvertrag gegen den Schmuggel mit Rußland zu schließen; aber ich glaube, wenn die Kaufmannschaften für Eines der preußischen Regierung dankbar sind, neben den vielen unfruchtbaren Bemühungen, die seit 50 Jahren stattgefunden haben, so ist es dafür, daß sie sich geweigert hat, diesen Kartelvertrag abzuschließen, den man, wie ich glaube, ziemlich hoch anrechnen würde, und wenn die Andeutungen begründet wären, welche der Herr Interpellant über die Motive der Regierung angedeutet hat, so wäre dies ein Preis, für den wir vielleicht auf politischem Gebiete viel erreichen könnten. Das wird aus einigen Ziffern hervorgehen. Die Kaiserlich russischen Behörden haben in ihren vorjährigen Einnahmen, ihrer Meinung nach, in Folge der neuen Organisation, an Zöllen einen Mehrertrag von $3^{1}/_{2}$ Millionen Rubeln an der westlichen Grenze erzielt und sind deshalb durch einen besonderen Kaiserlichen Erlaß wegen ihrer Thätigkeit belobt worden. Es ist erklärlich, daß dieses Resultat auf den ersten Anschein in Rußland die günstige Meinung erweckt hat, die neue Einrichtung sei, finanziell wenigstens, eine nützliche. Ich glaube umgekehrt, daß sie nur eine neue Prämie auf den Schmuggel setzt. Nach unsern oberflächlichen Abschätzungen, die ja nicht ganz genau sein können, würden die russischen Zollrevenüen, wenn kein Schmuggel stattfände, wie er durch den übermäßig hohen Tarif ermuthigt wird, mindestens das Zehnfache des Plus vom vorigen Jahre betragen, also 30 bis 40 Mill. Rubel, und es wäre mir lieb, wenn diese Ziffern und diese Verhältnisse auf dem Wege der Oeffentlichkeit möglichst zur Kenntniß der russischen Behörden kämen, um sie zu überzeugen, daß der Kampf, wie er bisher geführt, ein unfruchtbarer und hoffnungsloser ist. Ich erinnere daran, daß im Anfange der vierziger Jahre der Plan auftauchte und die Ausführung befohlen war, eine halbe Werst Länge von der Grenze frei von Bäumen, Gebüschen und Häusern herzustellen, um den Schmuggel besser überwachen zu können. Der Plan wurde damals aufgegeben wegen der übermäßigen Expropriationskosten, die man hätte zahlen müssen, vielleicht auch, weil dieses Mittel den Hauptgrund des Schmuggels nicht getroffen hätte. Es hätte nur den illegalen Schmuggel getroffen. Eingeweihten, mit den dortigen Verhältnissen Bekannten wird der Ausdruck verständlich sein. Was ferner den Chausseezoll und die Brücke bei Wloclawek betrifft, so bedaure ich, daß über diese Sache nicht von Seiten der einzelnen Betheiligten Beschwerden an das hiesige auswärtige Ministerium gerichtet werden, sobald diese Zölle in unregelmäßiger und gesetzwidriger Weise erhoben werden. Es liegen uns solche Beschwerden nicht vor. Ich kann mir auch den Grund denken, weshalb die Leute, die sich beschweren, fürchten, wenn sie wieder an dieselbe Brücke kommen, vielleicht unangenehme Folgen ihrer Beschwerden zu erleben. Denn daß die Zölle in dem Maße, wie der Herr Interpellant sagt, oder in geringerem Maße in Beziehung auf ihre Höhe flüssig sind, ist mir sehr wahrscheinlich. Aber ich frage Sie: wen trifft denn dieser Schaden? Der Herr Interpellant klagt über die Bedrückung „unsers" Holzhandels. Daß das Holz die Weichsel aufwärts geflößt würde, ist nicht wahrscheinlich, wie der Herr Redner zugeben wird; es trifft also der Schaden den russisch-polnischen Holzhandel, er trifft die Unterthanen von Rußland oberhalb der Brücke von Wloclawek. Der Danziger Kaufmann, welcher das Holz kauft, wird aber natürlich unter den Spesen und Transportkosten auch die ungeregelte Schifffahrtsabgabe an der Brücke zu Wloclawek mit kontiren und den Holz-Produzenten beim Ankauf in Rechnung stellen. Wenn die Herren aber glauben, daß unsre Kaufleute die irreguläre Abgabe an der Brücke zu Wloclawek in dem Unterschiede der Holzpreise oberhalb und unterhalb der Wloclaweker Brücke nicht in Rechnung bringen und daß nicht die Preise unterhalb die Abgabe unter Hinzurechnung der erwähnten Assekuranzprämie decken, so irren Sie sich; so rechnen die Danziger Kaufleute nicht. Von ihnen werden sämmtliche Zoll- und andere Transportspesen, bei Normirung des Preises, den sie dem polnischen Holzverkäufer oberhalb der Brücke zahlen können, in Rechnung gestellt, und so trifft auch der Zoll an der Brücke zu Wloclawek den eigenen russischen Unterthanen an der obern Weichsel, der sein Holz verkauft, und dem er mehr schadet, als dem unfrigen, wenn es auch bedauerlich ist, daß nicht ein Verständniß erzielt werden kann, vermöge dessen ein freier Verkehr zwischen den beiden, durch die natürliche Wasserverbindung auf einander angewiesenen Provinzen stattfinden und beiden Theilen zum Vortheil gereichen würde.

Was dann die Klagen über die Besteuerung der Juden betrifft, so können wir darin Nichts ändern; es ist ein Akt der inneren Gesetzgebung. In ähnlichen Fällen sind das Einzige, womit man sich international helfen kann, die Repressalien. Die Staatsregierung müßte also nach dem bekannten Sprüchwort, was ich nicht citiren will, die russischen Bekenner des jüdischen Glaubens ebenfalls zu höheren Steuern heranziehen, ; ein anderes Mittel ist mir nicht bekannt. Ferner sind bekanntlich die Klagen über Ausweisungen und Einsperrungen von Individuen, welche mit regelmäßigen preußischen Pässen und Legitimationen versehen sind, sehr häufig, wie ich das aus meiner eigenen Erfahrung, während ich Gesandter in Petersburg war, am besten weiß und wofür ich Ihnen noch flagrantere Fälle, als diejenigen anführen könnte, welche dem Herrn Interpellanten zu Gebote standen. Es wird in jedem einzelnen Falle der zu unserer Kenntniß kommt, der Weg betreten, welcher einzig offen ist, indem wir durch das General-Konsulat in Warschau oder durch den Königl. Gesandten in Petersburg Beschwerde führen, und ich kann nicht anders sagen, als daß wir bei den höchsten russischen Behörden stets die vollste Bereitwilligkeit zur Abhülfe begründeter Beschwerden gefunden haben; aber es dauert gewöhnlich sehr lange, und wenn die Abhülfe kommt, dann ist gewöhnlich das Unglück bereits in dem Maße geschehen, daß es schwer wieder gut zu machen ist. Aber ich habe mich, wie gesagt, weder in meiner damaligen Stellung, noch in meiner jetzigen jemals über Schutz und Härte oder der Willkür von Seiten der höchsten russischen Behörden beschweren können. Wie entstehen nun solche Konflikte, meine Herren, abgesehen von den Fällen, wo sie geradezu Erpressungen sind? Unsere Landsleute reisen häufig mit einigem Leichtsinn nach Rußland hinüber, ohne Mittel, ohne die Sprache zu kennen, ohne namentlich über die Formalien, welche sie an der Grenze zu erfüllen haben, sich vorher zu informiren. Sie kommen mit Waffen — ohne die Absicht, sie weiter zu gebrauchen — Das ist aber in Rußland verboten; sie hätten sich davon in

Kenntniß setzen sollen; ignorantia legis schadet. Es kommt aber noch ein anderes Moment hinzu: Sie glauben mit den russischen Beamten etwa so umgehen zu können, wie mit einem preußischen Landrath und wenn sie sich im Rechte fühlen, ihre ordnungsmäßigen Legitimationspapiere in der Tasche haben, so berufen sie sich beispielsweise darauf mit erhobener Stimme, in einer Sprache, welche der russische Beamte nicht versteht. Bei uns würden in einem solchen Falle wegen überlauten Verhaltens vielleicht nur einige Ermahnungen vorkommen, zu einem strafenden Einschreiten würde sich der betreffende Beamte schwerlich veranlaßt sehen; auch würden unseren Administrativbeamten die legalen Mittel fehlen. Durch die Geduld der preußischen Beamten sind die preußischen Reisenden aber eben verwöhnt, ein reisender Preuße glaubt also vielleicht, daß er einen russischen Grenzbeamten behandeln könne, wie er etwa mit einem preußischen Minister sprechen würde. Das ist nicht der Fall; der Beamte wird verdrießlich. Der Reisende aber, der auf seinen Paß provoziren zu können glaubt, erklärt wegen überlaut, daß er ein ordentlicher Mann sei, man könne in Kallies, in Stallupönen oder sonstwo sich danach erkundigen — er wird eingesperrt, ohne daß ihm klar ist, warum. In seiner Beschwerde sagt er natürlich nicht: ich habe mich allerdings etwas unverschämt benommen, so wie ich es zu Hause gewöhnt bin. Auch der russische Beamte, welcher zur Rechenschaft aufgefordert wird, sagt nicht etwa: „ich fand die Stimme des Reisenden etwas zu stark erhoben für meine Würde," sondern er findet in dem unerschöpflichen Arsenal des Swod Sakonow, das ist die russische Gesetzsammlung, welche allerdings an Fülle leidet, jedenfalls einen Satz, gegen den der Reisende nicht ganz gerechtfertigt war, und der eine Beanstandung oder nähere Ermittelung nothwendig gemacht habe. Das wird uns zur Antwort, der Reisende wird freigelassen, und darüber vergehen bei den Entfernungen und bei der Langsamkeit des Geschäftsverkehrs mehrere Wochen, und man hat so zu sagen das Nachsehen, es ist in der Sache nichts mehr zu ändern. Das sind aber Dinge, die nur durch Einzelbeschwerden verfolgt werden können und die für ein internationales Einschreiten, für eine drohende Haltung gegen einen mächtigen Nachbarstaat unmöglich einen Anlaß geben; sie liegen nicht in dem üblen Willen, sondern sie liegen in den eigenthümlichen Einrichtungen des Nachbarstaates. Eine Abhülfe im Großen und Ganzen kann nur dadurch geschafft werden, wenn das russische Reich sich dem Verkehr aus eigener Ueberzeugung, daß es in seinem Nutzen und in seinem Interesse liege, mehr als bisher öffnet und seine Gesetzgebung reformirt. Das können wir nicht erzwingen, das müssen wir abwarten; und jede Verhandlung in der Tonart, wie sie hier auf der Tribüne wohl angeschlagen werden kann, wie sie sich aber ein großer Staat, der sich selbst respektirt, nicht gefallen läßt, müssen nachher — plectuntur Achivi — die Unterthanen ausbaden, deren Verhältnisse dadurch nur noch schlimmer werden.

Sie haben, glaube ich, kein Recht, die Königl. Regierung anzuklagen, daß sie auf ihre Würde und auf den Schutz ihrer Unterthanen nicht eifersüchtig sei; bei jeder Gelegenheit aber sich auf die Macht und das Ansehen zu berufen und mit einer solchen befreundeten Regierung eine gereizte Korrespondenz hervorzurufen, halte ich nicht für weise. Wir geben die Hoffnung nicht auf, daß dieselbe Regierung, die mit so großer Energie die Emanzipation der Bauern von der Leibeigenschaft durchgeführt hat, die bereit ist, in ihrer internen Verwaltung dem Geiste der Neuzeit Rechnung zu tragen: wie der Herr Interpellant es verlangt, und vielleicht noch darüber hinaus unter Umständen, auch den Handel von den Fesseln emanzipiren werde, die jetzt auf ihm lasten, und welche die meisten Staaten des westlichen Europa's längst abgeschüttelt haben. Aber, wie gesagt, es kann dies nur aus freier Erkenntniß der Richtigkeit dieser Politik, aus freiem Entschlusse der Kaiserlichen Regierung geschehen, und die Königliche Regierung muß sich darauf beschränken, das Entgegenkommen zu fördern. Sie hat zu diesem Behufe seit Jahr und Tag einen besonderen Agenten ihrer Gesandtschaft attachirt, der gar keine weitere Aufgabe hat, als die einzelnen einflußreichen Leute von der Richtigkeit unserer Prinzipien und von den schädlichen Folgen der dortigen zu überzeugen und jeden Faden anzuknüpfen, den er finden kann, um unsern Grenzverkehr zu den Verhältnissen zu führen, die den politischen Beziehungen beider großen Nachbarvölker entsprechen.

Verfassung
des
Norddeutschen Bundes.

Seine Majestät der König von Preussen, Seine Majestät der König von Sachsen, Seine Königliche Hoheit der Grossherzog von Mecklenburg-Schwerin, Seine Königliche Hoheit der Grossherzog von Sachsen-Weimar-Eisenach, Seine Königliche Hoheit der Grossherzog von Mecklenburg-Strelitz, Seine Königliche Hoheit der Grossherzog von Oldenburg, Seine Hoheit der Herzog von Braunschweig und Lüneburg, Seine Hoheit der Herzog von Sachsen-Meiningen und Hildburghausen, Seine Hoheit der Herzog zu Sachsen-Altenburg, Seine Hoheit der Herzog zu Sachsen-Koburg und Gotha, Seine Hoheit der Herzog von Anhalt, Seine Durchlaucht der Fürst zu Schwarzburg-Rudolstadt, Seine Durchlaucht der Fürst zu Schwarzburg-Sondershausen, Seine Durchlaucht der Fürst zu Waldeck und Pyrmont, Ihre Durchlaucht die Fürstin Reuss älterer Linie, Seine Durchlaucht der Fürst Reuss jüngerer Linie, Seine Durchlaucht der Fürst von Schaumburg-Lippe, Seine Durchlaucht der Fürst zur Lippe, der Senat der freien und Hansestadt Lübek, der Senat der freien Hansestadt Bremen, der Senat der freien und Hansestadt Hamburg, jeder für den gesammten Umfang ihres Staatsgebietes, und Seine Königliche Hoheit der Grossherzog von Hessen und bei Rhein, für die nördlich vom Main belegenen Theile des Grossherzogthums Hessen, schliessen einen ewigen Bund zum Schutze des Bundesgebietes und des innerhalb desselben gültigen Rechtes, so wie zur Pflege der Wohlfahrt des deutschen Volkes. Dieser Bund wird den Namen des Norddeutschen führen und wird nachstehende Verfassung haben.

I. Bundesgebiet.

Art. 1. Das Bundesgebiet besteht aus den Staaten Preussen mit Lauenburg, Sachsen, Mecklenburg-Schwerin, Sachsen-Weimar, Mecklenburg-Strelitz, Oldenburg, Braunschweig, Sachsen-Meiningen, Sachsen-Altenburg, Sachsen-Coburg-Gotha, Anhalt, Schwarzburg-Rudolstadt, Schwarzburg-Sondershausen, Waldeck, Reuss älterer Linie, Reuss jüngerer Linie, Schaumburg-Lippe, Lippe, Lübek, Bremen, Hamburg, und aus den nördlich vom Main belegenen Theilen des Grossherzogthums Hessen.

II. Bundes-Gesetzgebung.

Art. 2. Innerhalb dieses Bundesgebiets übt der Bund das Recht der Gesetzgebung nach Massgabe des Inhalts dieser Verfassung und mit der Wirkung aus, dass die Bundesgesetze den Landesgesetzen vorgehen. Die Bundesgesetze erhalten ihre verbindliche Kraft durch ihre Verkündigung von Bundes wegen, welche vermittelst eines Bundesgesetzblattes geschieht. Sofern nicht in dem publicirten Gesetze ein anderer Anfangstermin seiner

---

[*]) Die im Texte mit *Cursiv*-Schrift gedruckten Stellen sind die vom Reichstag angenommenen **Zusätze**, während die unter den Seiten fortlaufenden Sätze die gestrichenen Stellen des Entwurfs bezeichnen.

verbindlichen Kraft bestimmt ist, beginnt die letztere mit dem vierzehnten Tage nach dem Ablauf desjenigen Tages, an welchem das betreffende Stück des Bungesetzblattes in Berlin ausgegeben worden ist.

Art. 3. Für den ganzen Umfang des Bundesgebiets besteht ein gemeinsames Indigenat mit der Wirkung, dass der Angehörige (Unterthan, Staatsbürger) eines jeden Bundesstaates in jedem andern Bundesstaate als Inländer zu behandeln und demgemäss zum festen Wohnsitz, zum Gewerbebetrieb, zu öffentlichen Aemtern, zur Erwerbung von Grundstücken, zur Erlangung des Staatsbürgerrechts und zum Genusse aller sonstigen bürgerlichen Rechte unter denselben Voraussetzungen wie der Einheimische zuzulassen, auch in Betreff der Rechtsverfolgung und des Rechtsschutzes demselben gleich zu behandeln ist.

In der Ausübung dieser Befugniss darf der Bundesangehörige weder durch die Obrigkeit seiner Heimath, noch durch die Obrigkeit eines andern Bundesstaates beschränkt werden.

Diejenigen Bestimmungen, welche die Armenversorgung und die Aufnahme in den lokalen Gemeindeverband betreffen, werden durch den im ersten Absatz ausgesprochenen Grundsatz nicht berührt.

Ebenso bleiben bis auf Weiteres die Verträge in Kraft, welche zwischen den einzelnen Bundesstaaten in Beziehung auf die Uebernahme von Auszuweisenden, die Verpflegung erkrankter und die Beerdigung verstorbener Staatsangehörigen bestehen.

Hinsichtlich der Erfüllung der Militairpflicht im Verhältniss zu dem Heimathslande wird im Wege der Bundesgesetzgebung das Nöthige geordnet werden.

Dem Auslande gegenüber haben alle Bundesangehörigen gleichmässig Anspruch auf den Bundesschutz.

Art. 4. Der Beaufsichtigung Seitens des Bundes und der Gesetzgebung desselben unterliegen die nachstehenden Angelegenheiten:

1. Die Bestimmungen über Freizügigkeit, Heimaths- und Niederlassungs-Verhältnisse, *Staatsbürgerrecht, Passwesen und Fremden-Polizei* und über den Gewerbebetrieb, einschliesslich des Versicherungswesens, soweit diese Gegenstände nicht schon durch den Art. 3. dieser Verfassung erledigt sind, desgleichen über die Kolonisation und die Auswanderung nach ausserdeutschen Ländern;

2. die Zoll- und Handels-Gesetzgebung und die für Bundeszwecke zu verwendenden *) Steuern;

3. die Ordnung des Maass-, Münz- und Gewichts-Systems, nebst Feststellung der Grundsätze über die Emission von fundirtem und unfundirtem Papiergelde;

4. die allgemeinen Bestimmungen über das Bankwesen;

5. die Erfindungs-Patente;

6. der Schutz des geistigen Eigenthums;

7. Organisation eines gemeinsamen Schutzes des deutschen Handels im Auslande, der deutschen Schifffahrt und ihrer Flagge zur See und Anordnung gemeinsamer consularischer Vertretung, welche vom Bunde ausgestattet wird;

8. das Eisenbahnwesen *und die Herstellung von Land- und Wasser-*

---

*) Entwurf: *indirecten.*

strassen im Interesse der Landesvertheidigung und des allgemeinen Verkehrs;
9. der *Flösserei-* und Schifffahrtsbetrieb auf den mehreren Staaten gemeinsamen Wasserstrassen und der Zustand der letzteren, sowie die Fluss- und sonstigen Wasserzölle;
10. das Post- und Telegraphenwesen;
11. Bestimmungen über die wechselseitige Vollstreckung von Erkenntnissen in Civil-Sachen und Erledigung von Requisitionen überhaupt;
12. sowie über die Beglaubigung von öffentlichen Urkunden;
13. *die gemeinsame Gesetzgebung über das Obligationenrecht, Strafrecht, Handels- und Wechselrecht und das gerichtliche Verfahren;**)
14. *das Militairwesen des Bundes und die Kriegsmarine;*
15. *Massregeln der Medicinal- und Veterinärpolizei.*

Art. 5. Die Bundesgesetzgebung wird ausgeübt durch den Bundesrath und den Reichstag. Die Uebereinstimmung der Mehrheits-Beschlüsse beider Versammlungen ist zu einem Bundesgesetze erforderlich und ausreichend.

Bei Gesetzes-Vorschlägen über das Militairwesen und die Kriegsmarine giebt, wenn im Bundesrathe eine Meinungsverschiedenheit stattfindet, die Stimme des Präsidiums den Ausschlag, wenn sie sich für die Aufrechterhaltung der bestehenden Einrichtungen ausspricht.

III. Bundesrath.

Art. 6. Der Bundesrath besteht aus den Vertretern der Mitglieder des Bundes, unter welchen die Stimmführung sich nach Massgabe der Vorschriften für das Plenum des ehemaligen deutschen Bundes vertheilt, so das Preussen mit den ehemaligen Stimmen von Hannover, Kurhessen, Holstein, Nassau und Frankfurt 17 Stimmen führt, Sachsen 4, Hessen 1, Mecklenburg-Schwerin 2, Sachsen-Weimar 1, Mecklenburg-Strelitz 1, Oldenburg 1, Braunschweig 2, Sachsen-Meiningen 1, Sachsen-Altenburg 1, Sachsen-Coburg-Gotha 1, Anhalt 1, Schwarzburg-Rudolstadt 1, Schwarzburg-Sondershausen 1, Waldeck 1, Reuss' älterer Linie 1, Reuss jüngerer Linie 1, Schaumburg-Lippe 1, Lippe 1, Lübeck 1, Bremen 1, Hamburg 1. Summa 43 Stimmen.

Art. 7. Jedes Mitglied des Bundes kann so viel Bevollmächtigte zum Bundes-Rathe ernennen, wie es Stimmen hat; doch kann die Gesammtheit der zuständigen Stimmen nur einheitlich abgegeben werden. Nicht vertretene oder nicht instruirte Stimmen werden nicht gezählt.

Jedes Bundesglied ist befugt, Vorschläge zu machen und in Vortrag zu bringen, und das Präsidium ist verpflichtet, dieselben der Berathung zu übergeben. Die Beschlussfassung erfolgt mit einfacher Mehrheit. Bei Stimmengleichheit giebt die Präsidialstimme den Ausschlag.

Art. 8. Der Bundesrath bildet aus seiner Mitte dauernde Ausschüsse
 1. für das Landheer und die Festungen,
 2. für das Seewesen,
 3. für Zoll- und Steuerwesen,
 4. für Handel und Verkehr,
 5. für Eisenbahnen, Post und Telegraphen,

---

*) Entwurf: Art. 13: *Die gemeinsame Civil-Prozessordnung und das gemeinsame Concursverfahren, Wechsel- und Handelsrecht.*

Entwurf:

6. für Justizwesen,
7. für Rechnungswesen.

In jedem dieser Ausschüsse werden ausser dem Präsidium mindestens zwei Bundesstaaten vertreten sein, und führt innerhalb derselben jeder Staat nur eine Stimme. Die Mitglieder der Ausschüsse zu 1. und 2. werden von dem Bundesfeldherrn ernannt, die der übrigen von dem Bundesrathe gewählt. Die Zusammensetzung dieser Ausschüsse ist für jede Session des Bundesrathes resp. mit jedem Jahre zu erneuern, wobei die ausscheidenden Mitglieder wieder wählbar sind. Den Ausschüssen werden die zu ihren Arbeiten nöthigen Beamten zur Verfügung gestellt.

Art. 9. Jedes Mitglied des Bundesrathes hat das Recht, im Reichstage zu erscheinen und muss daselbst auf Verlangen jederzeit gehört werden, um die Ansichten seiner Regierung zu vertreten, auch dann, wenn dieselben von der Majorität des Bundesrathes nicht adoptirt worden sind. Niemand kann gleichzeitig Mitglied des Bundesrathes und des Reichstages sein.

Art. 10. Dem Bundes-Präsidium liegt es ob, den Mitgliedern des Bundesrathes den üblichen diplomatischen Schutz zu gewähren.

IV. Bundes-Präsidium.

Art. 11. Das Präsidium des Bundes steht der Krone Preussen zu, welche in Ausübung desselben den Bund völkerrechtlich zu vertreten, im Namen des Bundes Krieg zu erklären und Frieden zu schliessen, Bündnisse und andere Verträge mit fremden Staaten einzugehen, Gesandte zu beglaubigen und zu empfangen berechtigt ist.

Insoweit die Verträge mit fremden Staaten sich auf solche Gegenstände beziehen, welche nach Art. 4. in den Bereich der Bundesgesetzgebung gehören, ist zu ihrem Abschluss die Zustimmung des Bundesrathes *und zu ihrer Gültigkeit die Genehmigung des Reichstages* erforderlich.

Art. 13.   Art. 12. Dem Präsidium steht es zu, den Bundesrath und den Reichstag zu berufen, zu eröffnen, zu vertagen und zu schliessen.*)

„ 14.   Art. 13. Die Berufung des Bundesraths und des Reichstages findet alljährlich statt, und kann der Bundesrath zur Vorbereitung der Arbeiten ohne den Reichstag, letzterer aber nicht ohne den Bundesrath berufen werden.

„ 15.   Art. 14. Die Berufung des Bundesrathes muss erfolgen, sobald sie von einem Drittel der Stimmenzahl verlangt wird.

„ 12.   *Art. 15. Der Vorsitz im Bundesrath und die Leitung der Geschäfte steht dem Bundeskanzler zu, welcher vom Präsidium zu ernennen ist.*

„ 16.   Derselbe kann sich durch jedes andere Mitglied des Bundesrathes *vermöge schriftlicher Substitution* vertreten lassen.

„ 17.   Art. 16. Das Präsidium hat die erforderlichen Vorlagen nach Massgabe der Beschlüsse des Bundesrathes an den Reichstag zu bringen, wo sie durch Mitglieder des Bundesrathes oder durch besondere von letzterem zu ernennende Kommissarien vertreten werden.

„ 18.   Art. 17. Dem Präsidium steht die Ausfertigung und Verkündigung der Bundesgesetze und die Ueberwachung der Ausführung derselben zu. Die Anordnungen und Verfügungen des Bundes-Präsidii werden im Namen

---

*) Entwurf: Art. 12. *Das Präsidium ernennt den Bundeskanzler, welcher im Bundesrathe den Vorsitz führt und die Geschäfte leitet.*

— 77 —

des Bundes erlassen und*) bedürfen zu ihrer Gültigkeit der Gegenzeichnung des Bundeskanzlers, welcher dadurch die Verantwortlichkeit übernimmt.

Art. 18. Das Präsidium ernennt die Bundesbeamten, hat dieselben für den Bund zu vereidigen und erforderlichen Falles ihre Entlassung zu verfügen.

Art. 19. Wenn Bundesglieder ihre verfassungsmässigen Bundespflichten nicht erfüllen, so können sie dazu im Wege der Execution angehalten werden. Diese Execution ist

a) in Betreff militairischer Leistungen, wenn Gefahr im Verzuge, von dem Bundesfeldherrn anzuordnen und zu vollziehen,

b) in allen anderen Fällen aber von dem Bundesrathe zu beschliessen und von dem Bundesfeldherrn zu vollstrecken.

Die Execution kann bis zur Sequestration des betreffenden Landes und seiner Regierungsgewalt ausgedehnt werden. In den unter a. bezeichneten Fällen ist dem Bundesrathe von Anordnung der Execution, unter Darlegung der Beweggründe, ungesäumt Kenntniss zu geben.

V. Reichstag.

Art. 20. Der Reichstag geht aus allgemeinen und directen Wahlen *mit geheimer Abstimmung* hervor, welche bis zum Erlass eines Reichswahlgesetzes nach Massgabe des Gesetzes zu erfolgen haben, auf Grund dessen der erste Reichstag des Norddeutschen Bundes gewählt worden ist.**)

Art. 21. Beamte bedürfen keines Urlaubs zum Eintritt in den Reichstag. Wenn ein Mitglied des Reichstages in dem Bunde oder einem Bundesstaat ein besoldetes Staatsamt annimmt oder im Bundes- oder Staatsdienste in ein Amt eintritt, mit welchem ein höherer Rang oder ein höheres Gehalt verbunden ist, so verliert es Sitz und Stimme in dem Reichstag und kann seine Stelle in demselben nur durch neue Wahl wieder erlangen.

Art. 22. Die Verhandlungen des Reichstages sind öffentlich.

Wahrheitsgetreue Berichte über Verhandlungen in den öffentlichen Sitzungen des Reichstages bleiben von jeder Verantwortlichkeit frei.

Art. 23. Der Reichstag hat das Recht, innerhalb der Competenz des Bundes Gesetze vorzuschlagen *und an ihn gerichtete Petitionen dem Bundesrathe resp. Bundeskanzler zu überweisen.*

Art. 24. Die Legislatur-Periode des Reichstages dauert drei Jahre. Zur Auflösung des Reichstages während derselben ist ein Beschluss des Bundesrathes unter Zustimmung des Präsidiums erforderlich.

Art. 25. Im Falle der Auflösung des Reichstages müssen innerhalb eines Zeitraumes von 60 Tagen nach derselben die Wähler und innerhalb eines Zeitraumes von 90 Tagen nach der Auflösung der Reichstag versammelt werden.

Art. 26. Ohne Zustimmung des Reichstages darf die Vertagung desselben die Frist von 30 Tagen nicht übersteigen und während derselben Session nicht wiederholt werden.

Art. 27. Der Reichstag prüft die Legitimation seiner Mitglieder und entscheidet darüber. Er regelt seinen Geschäftsgang und seine Disciplin durch eine Geschäfts-Ordnung und erwählt seinen Präsidenten, seine Vice-Präsidenten und Schriftführer.

---

*) Entwurf: *und von dem Bundeskanzler mit unterzeichnet.*
**) Entwurf: Art. 21. Schluss: *Beamte im Dienste eines der Bundesstaaten sind nicht wählbar.*

Art. 28. Der Reichstag beschliesst nach absoluter Stimmenmehrheit. Zur Gültigkeit der Beschlussfassung ist die Anwesenheit der Mehrheit der *gesetzlichen Anzahl* der Mitglieder erforderlich.

Art. 29. Die Mitglieder des Reichstages sind Vertreter des gesammten Volkes und an Aufträge und Instructionen nicht gebunden.

Art. 30. Kein Mitglied des Reichstages darf zu irgend einer Zeit wegen seiner Abstimmung oder wegen der in Ausübung seines Berufes gethanen Aeusserungen gerichtlich oder disciplinarisch verfolgt oder sonst ausserhalb der Versammlung zur Verantwortung gezogen werden.

Art. 31. Ohne Genehmigung des Reichstages kann kein Mitglied desselben während der Sitzungs-Periode wegen einer mit Strafe bedrohten Handlung zur Untersuchung gezogen oder verhaftet werden, ausser wenn es bei Ausübung der That oder im Laufe des nächstfolgenden Tages ergriffen wird. Gleiche Genehmigung ist bei einer Verhaftung wegen Schulden erforderlich.

Auf Verlangen des Reichstages wird jedes Strafverfahren gegen ein Mitglied desselben und jede Untersuchungs- oder Civilhaft für die Dauer der Sitzungs-Periode aufgehoben.

Art. 32. Die Mitglieder des Reichstages dürfen als solche keine Besoldung oder Entschädigung beziehen.

VI. Zoll- und Handelswesen.

Art. 33. Der Bund bildet ein Zoll- und Handels-Gebiet, umgeben von gemeinschaftlicher Zollgrenze. Ausgeschlossen bleiben die wegen ihrer Lage zur Einschliessung in die Zollgrenze nicht geeigneten einzelnen Gebietstheile.

Alle Gegenstände, welche im freien Verkehr eines Bundesstaates befindlich sind, können in jeden anderen Bundesstaat eingeführt und dürfen in letzterem einer Abgabe nur in so weit unterworfen werden, als daselbst gleichartige inländische Erzeugnisse einer inneren Steuer unterliegen.

Art. 34. Die Hansestädte Lübeck, Bremen und Hamburg mit einem dem Zweck entsprechenden Bezirke ihres oder des umliegenden Gebietes bleiben als Freihäfen ausserhalb der gemeinschaftlichen Zollgrenze, bis sie ihren Einschluss in dieselbe beantragen.

Art. 35. Der Bund ausschliesslich hat die Gesetzgebung über das gesammte Zollwesen, über die Besteuerung des Verbrauches von einheimischem Zucker, Branntwein, Salz, Bier und Taback, sowie über die Massregeln, welche in den Zollausschlüssen zur Sicherung der gemeinschaftlichen Zollgrenze erforderlich sind.

Art. 36. Die Erhebung und Verwaltung der Zölle und Verbrauchssteuern (Art. 35.) bleibt jedem Bundesstaate, soweit derselbe sie bisher ausgeübt hat, innerhalb seines Gebietes überlassen.

Das Bundes-Präsidium überwacht die Einhaltung des gesetzlichen Verfahrens durch Bundesbeamte, welche es den Zoll- oder Steuer-Aemtern und den Directiv-Behörden der einzelnen Staaten, nach Vernehmung des Ausschusses des Bundesraths für Zoll- und Steuer-Wesen, beiordnet.

Art. 37. Der Bundesrath beschliesst:
1) über die dem Reichstage vorzulegenden oder von demselben angenommenen unter die Bestimmung des Art. 35. fallenden gesetzlichen Anordnungen einschliesslich der Handels- und Schifffahrts-Verträge;

2) über die zur Ausführung der gemeinschaftlichen Gesetzgebung (Art. 35.) dienenden Verwaltungs-Vorschriften und Einrichtungen;
3) über Mängel, welche bei der Ausführung der gemeinschaftlichen Gesetzgebung (Art. 35.) hervortreten;
4) über die von seiner Rechnungs-Behörde ihm vorgelegte schliessliche Feststellung der in die Bundeskasse fliessenden Abgaben (Art. 39.).
Jeder über die Gegenstände zu 1. bis 3. von einem Bundesstaate oder über die Gegenstände zu 4. von einem controlirenden Beamten bei dem Bundesrathe gestellte Antrag unterliegt der gemeinschaftlichen Beschlussnahme. Im Falle der Meinungsverschiedenheit giebt die Stimme des Präsidiums bei den zu 1. und 2. bezeichneten alsdann den Ausschlag, wenn sie sich für Aufrechthaltung der bestehenden Vorschrift oder Einrichtung ausspricht, in allen übrigen Fällen entscheidet die Mehrheit der Stimmen nach dem in Art. 6. dieser Verfassung festgestellten Stimmverhältniss.

Art. 38. Der Ertrag der Zölle und der in Art. 35. bezeichneten Verbrauchs-Abgaben fliesst in die Bundeskasse.

Dieser Ertrag besteht aus der gesammten von den Zöllen und Verbrauchs-Abgaben aufgekommenen Einnahme nach Abzug:
1) der auf Gesetzen oder allgemeinen Verwaltungs-Vorschriften beruhenden Steuer-Vergütungen und Ermässigungen;
2) der Erhebungs- und Verwaltungs-Kosten und zwar;
   a) bei den Zöllen und der Steuer von inländischem Zucker, soweit diese Kosten nach den Verabredungen unter den Mitgliedern des Deutschen Zoll- und Handels-Vereins der Gemeinschaft aufgerechnet werden konnten;
   b) *bei der Steuer von inländischem Salze — sobald solche, sowie ein Zoll von ausländischem Salze unter Aufhebung des Salzmonopols eingeführt sein wird — mit dem Betrage der auf Salzwerken erwachsenden Erhebungs- und Aufsichtskosten;*
   c) bei den übrigen Steuern mit funfzehn Procent der Gesammt-Einnahme.

Die ausserhalb der gemeinschaftlichen Zollgrenze liegenden Gebiete tragen zu den Bundes-Ausgaben durch Zahlung eines Aversums bei.

Art. 39. Die von den Erhebungs-Behörden der Bundesstaaten nach Ablauf eines jeden Vierteljahres aufzustellenden Quartal-Extrakte und die nach dem Jahres- und Bücherschlusse aufzustellenden Final-Abschlüsse über die im Laufe des Vierteljahres beziehungsweise während des Rechnungsjahres fällig gewordenen Einnahmen an Zöllen und Verbrauchs-Abgaben werden von den Direktiv-Behörden der Bundesstaaten, nach vorangegangener Prüfung, in Hauptübersichten zusammengestellt und diese an den Ausschuss des Bundesrathes für das Rechnungswesen eingesandt.

Der Letztere stellt auf Grund dieser Uebersichten von drei zu drei Monaten den von der Kasse jedes Bundesstaates der Bundeskasse schuldigen Betrag vorläufig fest und setzt von dieser Feststellung den Bundesrath und die Bundesstaaten in Kenntniss, legt auch alljährlich die schliessliche Feststellung jener Beträge mit seinen Bemerkungen dem Bundesrathe zur Beschlussnahme vor.

Art. 40. Die Bestimmungen in dem Zoll-Vereinigungs-Vertrage vom 16. Mai 1865, in dem Vertrage über die gleiche Besteuerung innerer Erzeugnisse vom 28. Juni 1864, in dem Vertrage über den Verkehr mit Taback und Wein von demselben Tage und im Artikel 2. des Zoll- und

Entwurf:

Anschluss-Vertrages vom 11. Juli 1864, desgleichen in den Thüringischen Vereins-Verträgen bleiben zwischen den bei diesen Vertägen betheiligten Bundesstaaten in Kraft, soweit sie nicht durch die Vorschriften der gegenwärtigen Verfassung abgeändert sind und so lange sie nicht auf dem im Art. 37 vorgezeichneten Wege abgeändert werden.

Mit diesen Beschränkungen finden die Bestimmungen des Zoll-Vereinigungs-Vertrages vom 16. Mai 1865 auch auf diejenigen Bundesstaaten und Gebietstheile Anwendung, welche dem Deutschen Zoll- und Handels-Vereine zur Zeit nicht angehören.

VII. Eisenbahnwesen.

Art. 38. **Art. 41.** Eisenbahnen, welche im Interesse der Vertheidigung des Bundesgebiets oder im Interesse des gemeinsamen Verkehrs für nothwendig erachtet werden, können kraft eines Bundgesetzes auch gegen den Widerspruch der Bundesglieder, deren Gebiet die Eisenbahnen durchschneiden, unbeschadet der Landeshoheitsrechte, für Rechnung des Bundes angelegt oder an Privat-Unternehmer zur Ausführung concessionirt *und mit dem Expropriationsrechte ausgestattet* werden.

Jede bestehende Eisenbahn-Verwaltung ist verpflichtet, sich den Anschluss neuangelegter Eisenbahnen auf Kosten der letzteren gefallen zu lassen.

Die gesetzlichen Bestimmungen, welche bestehenden Eisenbahn-Unternehmungen ein Widerspruchsrecht gegen die Anlegung von Parallel- oder Concurrenzbahnen einräumen, werden, unbeschadet bereits erworbener Rechte, für das ganze Bundesgebiet hierdurch aufgehoben. Ein solches Widerspruchsrecht kann auch in den künftig zu ertheilenden Concessionen nicht weiter verliehen werden.

„ 39. **Art. 42.** Die Bundes-Regierungen verpflichten sich, die im Bundesgebiete belegenen Eisenbahnen im Interesse des allgemeinen Verkehrs wie ein einheitliches Netz verwalten und zu diesem Behuf auch die neuherzustellenden Bahnen nach einheitlichen Normen anlegen und ausrüsten zu lassen.

„ 40. **Art. 43.** Es sollen demgemäss in thunlichster Beschleunigung *übereinstimmende* Betriebs-Einrichtungen getroffen, insbesondere gleiche Bahn-Polizei-Reglements*) eingeführt werden. Der Bund hat dafür Sorge zu tragen, dass die Eisenbahn-Verwaltungen die Bahnen jederzeit in einem, die nöthige Sicherheit gewährenden baulichen Zustande erhalten und dieselben mit Betriebsmaterial so ausrüsten, wie das Verkehrs-Bedürfniss es erheischt.

„ 41. **Art. 44.** Die Eisenbahn-Verwaltungen sind verpflichtet, die *für den durchgehenden Verkehr und zur Herstellung ineinandergreifender Fahrpläne* nöthigen Personenzüge mit entsprechender Fahrgeschwindigkeit, *desgleichen die zur Bewältigung des Güterverkehrs nöthigen* Güterzüge einzuführen, auch directe Expeditionen im Personen- und Güterverkehr unter Gestattung des Ueberganges der Transportmittel von einer Bahn auf die andere, gegen die übliche Vergütung einzurichten.

„ 42. **Art. 45.** Dem Bunde steht die Controle *über das Tarifwesen* zu. *Derselbe wird namentlich dahin wirken:*

---

*) Entwurf: *und Betriebs-Reglements*
**) Entwurf: Art. 42: *Dem Bunde steht die Controle der Tarife zu. Er wird die-*

— 81 —

Entwurf:

1) *dass baldigst auf den Eisenbahnen im Gebiete des Bundes übereinstimmende Betriebs-Reglements eingeführt werden;*

2) dass die möglichste Gleichmässigkeit und Herabsetzung der Tarife erzielt, insbesondere dass bei grösseren Entfernungen für den Transport von Kohlen, Koaks, Holz, Erzen, Steinen, Salz, Roheisen, Düngungsmitteln und ähnlichen Gegenständen, ein dem Bedürfniss, der Landwirthschaft und Industrie entsprechender ermässigter Tarif und zwar zunächst thunlichst der Ein-Pfennig-Tarif eingeführt werde.

Art. 46. Bei eintretenden Nothständen, insbesondere bei ungewöhnlicher Theuerung der Lebensmittel, sind die Eisenbahn-Verwaltungen verpflichtet, für den Transport, namentlich von Getreide, Mehl, Hülsenfrüchten und Kartoffeln, zeitweise einen dem Bedürfniss entsprechenden, von dem Bundes-Präsidium auf Vorschlag des betreffenden Bundesraths-Ausschusses festzustellenden niedrigen Special-Tarif einzuführen, *welcher jedoch nicht unter den niedrigsten auf der betreffenden Bahn für Rohprodukte geltenden Satz herabgehen darf.*

Art. 43.

Art. 47. Den Anforderungen der Bundes-Behörden in Betreff der Benutzung der Eisenbahnen zum Zweck der Vertheidigung des Bundesgebietes haben sämmtliche Eisenbahn-Verwaltungen unweigerlich Folge zu leisten. Insbesondere ist das Militair und alles Kriegsmaterial zu gleichen ermässigten Sätzen zu befördern.

. 44.

VIII. Post- und Telegraphenwesen.

Art. 48. Das Postwesen und das Telegraphenwesen werden für das gesammte Gebiet des Norddeutschen Bundes als einheitliche Staatsverkehrs-Anstalten eingerichtet und verwaltet.

„ 45.

Die im Art. 4 vorgesehene Gesetzgebung des Bundes in Post und Telegraphen-Angelegenheiten erstreckt sich nich auf diejenigen Gegenstände, deren Regelung, nach den gegenwärtig in der Preussischen Post- und Telegraphen-Verwaltung massgebenden Grundsätzen, der reglementarischen Festsetzung oder administrativen Anordnung überlassen ist.

Art. 49. Die Einnahmen des Post- und Telegraphen-Wesens sind für den ganzen Bund gemeinschaftlich. Die Ausgaben werden aus den gemeinschaftlichen Einnahmen bestritten. Die Ueberschüsse fliessen in die Bundeskasse (Abschnitt XII.).

„ 46.

Art. 50. Dem Bundes-Präsidium gehört die obere Leitung der Postund Telegraphen-Verwaltung an. Dasselbe hat die Pflicht und das Recht, dafür zu sorgen, dass Einheit in der Organisation der Verwaltung und im Betriebe des Dienstes, sowie in der Qualification der Beamten hergestellt und erhalten wird.

„ 47

Das Präsidium hat für den Erlass der reglementarischen Festsetzungen und allgemeinen administrativen Anordnungen, sowie für die ausschliessliche Wahrnehmung der Beziehungen zu anderen Deutschen oder ausserdeutschen Post- und Telegraphen-Verwaltungen Sorge zu tragen.

Sämmtliche Beamte der Post- und Telegraphen-Verwaltung sind ver-

---

selbe ausüben zu dem Zwecke, die Gleichmässigkeit und möglichste Herabsetzung derselben zu erreichen, insbesondere für den Transport von Kohlen, Coaks, Holz, Erzen, Steinen, Salz, Roheisen, Düngungsmitteln und ähnlichen Gegenständen einen dem Bedürfniss der Landwirthschaft und der Industrie entsprechenden ermässigten Tarif für grössere Entfernungen und schliesslich den Ein-Pfennig-Tarif für Centner und Meile im ganzen Bundesgebiete einzuführen.

Entwurf:

pflichtet, den Anordnungen des Bundes-Präsidiums Folge zu leisten. Diese Verpflichtung ist in den Diensteid aufzunehmen.

Die Anstellung der bei den Verwaltungs-Behörden der Post und Telegraphie in den verschiedenen Bezirken erforderlichen oberen Beamten (z. B. der Directoren, Räthe, Ober-Inspectoren), ferner die Anstellung der zur Wahrnehmung des Aufsichts- u. s. w. Dienstes in den einzelnen Bezirken als Organe der erwähnten Behörden fungirenden Post- und Telegraphen-Beamten (z. B. Inspectoren, Controleure) geht für das ganze Gebiet des Norddeutschen Bundes von dem Präsidium aus, welchem diese Beamten den Diensteid leisten. Den einzelnen Landesregierungen wird von den in Rede stehenden Ernennungen, soweit dieselben ihre Gebiete betreffen, behufs der landesherrlichen Bestätigung und Publication rechtzeitig Mittheilung gemacht werden.

Die andern bei den Verwaltungs-Behörden der Post und Telegraphie erforderlichen Beamten, sowie alle für den localen und technischen Betrieb bestimmten, mithin bei den eigentlichen Betriebsstellen fungirenden, Beamten u. s. w. werden von den betreffenden Landesregierungen angestellt.

Wo eine selbstständige Landes-Post- resp. Telegraphen-Verwaltung nicht besteht, entscheiden die Bestimmungen der besonderen Verträge.

Art. 48. Art. 51. Zur Beseitigung der Zersplitterung des Post- und Telegraphen-Wesens in den Hansestädten wird die Verwaltung und der Betrieb der verschiedenen dort befindlichen staatlichen Post- und Telegraphen-Anstalten nach näherer Anordnung des Bundes-Präsidiums, welches den Senaten Gelegenheit zur Aeusserung ihrer hierauf bezüglichen Wünsche geben wird, vereinigt. Hinsichts der dort befindlichen Deutschen Anstalten ist diese Vereinigung sofort auszuführen.

Mit den ausserdeutschen Regierungen, welche in den Hansestädten noch Postrechte besitzen oder ausüben, werden die zu dem vorstehenden Zweck nöthigen Vereinbarungen getroffen werden.

„ 49. Art. 52. Bei Ueberweisung des Ueberschusses der Postverwaltung für allgemeine Bundeszwecke (Art. 49.) soll, in Betracht der bisherigen Verschiedenheit der von den Landes-Postverwaltungen der einzelnen Gebiete erzielten Rein-Einnahmen, zum Zwecke einer entsprechenden Ausgleichung während der unten festgesetzten Uebergangszeit folgendes Verfahren beobachtet werden.

Aus dem Post-Ueberschüssen, welche in den einzelnen Postbezirken während der fünf Jahre 1861 bis 1865 aufgekommen sind, wird ein durchschnittlicher Jahres-Ueberschuss berechnet, und der Antheil, welchen jeder einzelne Postbezirk an dem für das gesammte Gebiet des Norddeutschen Bundes sich darnach herausstellenden Post-Ueberschusse gehabt hat, nach Procenten festgestellt.

Nach Massgabe des auf diese Weise festgestellten Verhältnisses werden aus den im Bunde aufkommenden Post-Ueberschüssen während der nächsten acht Jahre den einzelnen Staaten die sich für dieselben ergebenden Quoten auf ihre sonstigen Beiträge zu Bundeszwecken zu Gute gerechnet.

Nach Ablauf der acht Jahre hört jede Unterscheidung auf, und fliessen die Post-Ueberschüsse in ungetheilter Aufrechnung nach dem in Art. 49. enthaltenen Grundsatz der Bundeskasse zu.

Von der während der vorgedachten acht Jahre für die Hansestädte sich herausstellenden Quote des Post-Ueberschusses wird alljährlich vorweg die Hälfte dem Bundes-Präsidium zur Disposition gestellt zu dem Zwecke, daraus zunächst die Kosten für die Herstellung normaler Posteinrichtungen in den Hansestädten zu bestreiten.

IX. Marine und Schifffahrt.

Art. 53. Die *Bundes*-Kriegsmarine*) ist eine einheitliche unter Preussischem Oberbefehl. Die Organisation und Zusammensetzung derselben liegt Seiner Majestät dem Könige von Preussen ob, welcher die Officiere und Beamten der Marine ernennt und für welchen dieselben nebst den Mannschaften eidlich in Pflicht zu nehmen sind.

Der Kieler Hafen und der Jahde-Hafen sind Bundeskriegshäfen.

Der zur Gründung und Erhaltung der Kriegsflotte und der damit zusammenhängenden Anstalten erforderliche Aufwand wird aus der Bundeskasse bestritten.**)

Die gesammte seemännische Bevölkerung des Bundes, einschliesslich des Maschinen-Personals und der Schiffs-Handwerker ist vom Dienste im Landheere befreit, dagegen zum Dienste in der Bundesmarine verpflichtet.

Die Vertheilung des Ersatzbedarfs findet nach Massgabe der vorhandenen seemännischen Bevölkerung statt und die hiernach von jedem Staate gestellte Quote kommt auf die Gestellung zum Landheere in Abrechnung.

Art. 54. Die Kauffahrteischiffe aller Bundesstaaten bilden eine einheitliche Handelsmarine.

Der Bund hat das Verfahren zur Ermittelung der Ladungsfähigkeit der Seeschiffe zu bestimmen, die Ausstellung der Messbriefe, sowie der Schiffscertificate zu regeln und die Bedingungen festzustellen, von welchen die Erlaubniss zur Führung eines Seeschiffes abhängig ist.

In den Seehäfen und auf allen natürlichen und künstlichen Wasserstrassen der einzelnen Bundesstaaten werden die Kauffahrteischiffe sämmtlicher Bundesstaaten gleichmässig zugelassen und behandelt. Die Abgaben, welche in den Seehäfen von den Seeschiffen oder deren Ladungen für die Benutzung der Schifffahrtsanstalten erhoben werden, dürfen die zur Unterhaltung und gewöhnlichen Herstellung dieser Anstalten erforderlichen Kosten nicht übersteigen.

Auf allen natürlichen Wasserstrassen dürfen Abgaben nur für die Benutzung besonderer Anstalten, die zur Erleichterung des Verkehrs bestimmt sind, erhoben werden. Diese Abgaben, sowie die Abgaben für die Befahrung solcher künstlichen Wasserstrassen, welche Staatseigenthum sind, dürfen die zur Unterhaltung und gewöhnlichen Herstellung der Anstalten und Anlagen erforderlichen Kosten nicht übersteigen. Auf die Flösserei finden diese Bestimmungen insoweit Anwendung, als dieselbe auf schiffbaren Wasserstrassen betrieben wird.

Auf fremde Schiffe oder deren Ladungen andere oder höhere Ab-

---

*) Entwurf: *der Nord- und Ostsee*
**) Entwurf: *Als Massstab der Beiträge zur Gründung und Erhaltung der Kriegsflotte und der damit zusammenhängenden Anstalten dient die Bevölkerung. Ein Etat für die Bundes-Marine wird nach diesem Grundsatze mit dem Reichstage vereinbart.*
***) Entwurf: Art. 51. *Die Kauffahrteischiffe sämmtlicher Bundesstaaten führen dieselbe Flagge, schwarz-weiss-roth.*

Entwurf:

gaben zu legen, als von den Schiffen der Bundesstaaten oder deren Ladungen zu entrichten sind, steht keinem Einzelstaate sondern nur dem Bunde zu.

Art. 55. Die Flagge der Kriegs- und Handels-Marine ist schwarz-weiss-roth.

X. Consulatwesen.

Art. 52. Art. 56. Das gesammte Norddeutsche Consulatwesen steht unter der Aufsicht des Bundes-Präsidiums, welches die Consuln, nach Vernehmung des Ausschusses des Bunderathes für Handel und Verkehr, anstellt. In dem Amtsbezirk der Bundesconsuln dürfen neue Landesconsulate nicht errichtet werden. Die Bundesconsuln üben für die in ihrem Bezirk nicht vertretenen Bundesstaaten die Functionen eines Landesconsuls aus. Die sämmtlichen bestehenden Landesconsulate werden aufgehoben, sobald die Organisation der Bundesconsulate dergestallt vollendet ist, dass die Vertretung der Einzel-Interessen aller Bundesstaaten als durch die Bundesconsulate gesichert von dem Bundesrathe anerkannt wird.

XI. Bundeskriegswesen.

„ 53. Art. 57. Jeder Norddeutsche ist wehrpflichtig und kann sich in Ausübung dieser Pflicht nicht vertreten lassen.

„ 54. Art. 58. Die Kosten und Lasten des gesammten Kriegswesens des Bundes sind von allen Bundesstaaten und ihren Angehörigen gleichmässig zu tragen, so dass weder Bevorzugungen, noch Prägravationen einzelner Staaten oder Klassen grundsätzlich zulässig sind. Wo die gleiche Vertheilung der Lasten sich in natura nicht herstellen lässt, ohne die öffentliche Wohlfahrt zu schädigen, ist die Ausgleichung nach den Grundsätzen der Gerechtigkeit im Wege der Gesetzgebung festzustellen.

„ 55. Art. 59. Jeder wehrfähige Norddeutsche gehört sieben Jahre lang, in der Regel vom vollendeten 20. bis zum beginnenden 28. Lebensjahre, dem stehenden Heere — *und zwar die ersten drei Jahre bei den Fahnen, die letzten vier Jahre in der Reserve* — und die folgenden fünf Lebensjahre der Landwehr an. In denjenigen Bundesstaaten, in denen bisher eine längere als zwölfjährige Gesammtdienstzeit gesetzlich war, findet die allmälige Herabsetzung der Verpflichtung nur in dem Masse statt, als dies die Rücksicht auf die Kriegsbereitschaft des Bundesheeres zulässt.

In Bezug auf die Auswanderung der Reservisten sollen lediglich diejenigen Bestimmungen massgebend sein, welche für die Auswanderung der Landwehrmänner gelten.

„ 56. Art. 60. Die Friedens-Präsenzstärke des Bundesheeres *wird bis zum 31. December 1871* auf ein Procent der Bevölkerung von 1867 normirt, und wird pro rata derselben von den einzelnen Bundesstaaten gestellt. *Für die spätere Zeit wird die Friedens-Präsenzstärke des Heeres im Wege der Bundesgesetzgebung festgestellt.*)*

„ 57. Art. 61. Nach Publication dieser Verfassung ist in dem ganzen Bundesgebiete die gesammte Preussische Militairgesetzgebung ungesäumt einzuführen, sowohl die Gesetze selbst, als die zu ihrer Ausführung, Erläuterung oder Ergänzung erlassenen Reglements, Instruktionen und Re-

---

*) Entwurf: *bei wachsender Bevölkerung wird nach je 10 Jahren ein anderer Procentsatz festgesetzt werden.*

— 85 —

Entwurf

scripte, namentlich also das Militairstrafgesetzbuch vom 3. April 1845, die Militairstrafgerichtsordnung vom 3. April 1845, die Verordnung über die Ehrengerichte vom 20. Juli 1843, die Bestimmungen über Aushebung, Dienstzeit, Servis- und Verpflegungs-Wesen, Einquartirung, Ersatz von Flurbeschädigungen, Mobilmachung u. s. w. für Krieg und Frieden. Die Militair-Kirchenordnung ist jedoch ausgeschlossen.

Nach gleichmässiger Durchführung der Bundeskriegs-Organisation wird das Bundes-Präsidium ein umfassendes Bundesmilitairgesetz dem Reichstage und dem Bundesrathe zur verfassungsmässigen Beschlussfassung vorlegen.

Art. 62. Zur Bestreitung des Aufwandes für das gesammte Bundesheer und die zu dems.lben gehörigen Einrichtungen sind *bis zum 31. December 1871* dem Bundesfeldherrn jährlich sovielmal 225 Thlr., in Worten zweihundert fünf und zwanzig Thaler, als die Kopfzahl der Friedensstärke des Heeres nach Art. 60. beträgt, zur Verfügung zu stellen. Vergl. Abschn. XII.

Art. 58.

Die Zahlung dieser Beiträge beginnt mit dem ersten des Monats nach Publication der Bundesverfassung.

Nach dem 31. December 1871 müssen diese Beiträge von den einzelnen Staaten des Bundes zur Bundeskasse fortgezahlt werden. Zur Berechnung derselben wird die im Art. 60 interimistisch festgestellte Friedenspräsenzstärke so lange festgehalten, bis sie durch ein Bundesgesetz abgeändert ist.

Die Verausgabung dieser Summe für das gesammte Bundesheer und dessen Einrichtungen wird durch das Etatsgesetz festgesetzt.

Bei der Feststellung des Militair-Ausgabe-Etats wird die auf Grundlage dieser Verfassung gesetzlich feststehende Organisation des Bundesheeres zu Grunde gelegt.

Art. 63. Die gesammte Landmacht des Bundes wird ein einheitliches Heer bilden, welches in Krieg und Frieden unter dem Befehle Seiner Majestät des Königs von Preussen als Bundesfeldherrn steht.

„ 59.

Die Regimenter etc. führen fortlaufende Nummern durch die ganze Bundes-Armee. Für die Bekleidung sind die Grundfarben und der Schnitt der Königlich Preussischen Armee massgebend. Dem betreffenden Kontingentsherrn bleibt es überlassen, die äusseren Abzeichen (Kokarden etc.) zu bestimmen.

Der Bundesfeldherr hat die Pflicht und das Recht, dafür Sorge zu tragen, dass innerhalb des Bundesheeres alle Truppentheile vollzählig und kriegstüchtig vorhanden sind und dass Einheit in der Organisation und Formation, in Bewaffnung und Kommando, in der Ausbildung der Mannschaften, sowie in der Qualification der Officiere hergestellt und erhalten wird. Zu diesem Behufe ist der Bundesfeldherr berechtigt, sich jederzeit durch Inspectionen von der Verfassung der einzelnen Contingente zu überzeugen und die Abstellung der dabei vorgefundenen Mängel anzuordnen.

Der Bundesfeldherr bestimmt den Präsenzstand, die Gliederung und Eintheilung der Kontingente der Bundes-Armee, sowie die Organisation der Landwehr, und hat das Recht, innerhalb des Bundesgebietes die Garnisonen zu bestimmen, sowie die kriegsbereite Aufstellung eines jeden Theils der Bundes-Armee anzuordnen.

Behufs Erhaltung der unentbehrlichen Einheit in der Administration, Verpflegung, Bewaffnung und Ausrüstung aller Truppentheile des Bundesheeres sind die bezüglichen künftig ergehenden Anordnungen für die Preussische Armee den Kommandeuren der übrigen Bundes-Contingente, durch den Art. 8. Nr. 1. bezeichneten Ausschuss für das Landheer und die Festungen, zur Nachachtung in geeigneter Weise mitzutheilen.

Art. 60. **Art. 64.** Alle Bundestruppen sind verpflichtet, den Befehlen des Bundesfeldherrn unbedingte Folge zu leisten. Diese Verpflichtung ist in den Fahneneid aufzunehmen.

Der Höchstkommandirende eines Contingents, sowie alle Officiere, welche Truppen mehr als eines Contingents befehligen, und alle Festungs-Kommandanten werden von dem Bundesfeldherrn ernannt. Die von Demselben ernannten Officiere leisten Ihm den Fahneneid. Bei Generalen und den Generalstellungen versehenden Officieren innerhalb des Bundes-Contingents ist die Ernennung von der jedesmaligen Zustimmung des Bundesfeldherrn abhängig zu machen.

Der Bundesfeldherr ist berechtigt, behufs Versetzung mit oder ohne Beförderung für die von ihm im Bundesdienste, sei es im Preussischen Heere, oder in anderen Contingenten zu besetzenden Stellen aus den Officieren aller Contingente des Bundesheeres zu wählen.

„ 61. **Art. 65.** Das Recht, Festungen innerhalb des Bundesgebietes anzulegen, steht dem Bundesfeldherrn zu, welcher die Bewilligung der dazu erforderlichen Mittel, soweit das Ordinarium sie nicht gewährt, nach Abschnitt XII. beantragt.

„ 62. **Art. 66.** Wo nicht besondere Conventionen ein anderes bestimmen, ernennen die Bundesfürsten, beziehentlich die Senate die Officiere ihrer Contingente, mit der Einschränkung des Art. 64. Sie sind Chefs aller ihren Gebieten angehörenden Truppentheile und geniessen die damit verbundenen Ehren. Sie haben namentlich das Recht der Inspicirung zu jeder Zeit und erhalten, ausser den regelmässigen Rapporten und Meldungen über vorkommende Veränderungen, behufs der nöthigen landesherrlichen Publication, rechtzeitige Mittheilung von den die betreffenden Truppentheile berührenden Avancements und Ernennungen.

Auch steht ihnen das Recht zu, zu polizeilichen Zwecken nicht bloss ihre eigenen Truppen zu verwenden, sondern auch alle anderen Truppentheile der Bundes-Armee, welche in ihren Ländergebieten dislocirt sind, zu requiriren.

„ 63. **Art. 67.** Ersparnisse an dem Militair-Etat fallen unter keinen Umständen einer einzelnen Regierung, sondern jederzeit der Bundeskasse zu.

„ 64. **Art. 68.** Der Bundesfeldherr kann, wenn die öffentliche Sicherheit in dem Bundesgebiete bedroht ist, einen jeden Theil desselben in Kriegszustand erklären. Bis zum Erlass eines die Voraussetzungen, die Form der Verkündigung und die Wirkungen einer solchen Erklärung regelnden Bundesgesetzes gelten dafür die Vorschriften des Preussischen Gesetzes *vom 4. Juni 1851. (Gesetz-Samml. 1851, S. 451 u. fgde.)**)

XII. Bundes-Finanzen.

„ 65.**) *Art. 69. Alle Einnahmen und Ausgaben des Bundes müssen für jedes Jahr veranschlagt und auf den Bundeshaushalts-Etat gebracht werden.*

---

*) Entwurf: *vom 10. Mai 1849. (Gesetz-Samml. 1849, S. 165—171.)*
**) Entwurf: Art. 65. *Abgesehen von dem durch Art. 58 bestimmten Aufwande für das Bundesheer und die zu demselben gehörigen Einrichtungen, sowie von dem Aufwande*

— 87 —

Letzterer wird vor Beginn des Etatsjahres nach folgenden Grundsätzen durch ein Gesetz festgestellt.

Art. 70. Zur Bestreitung aller gemeinschaftlichen Ausgaben dienen zunächst die etwaigen Ueberschüsse der Vorjahre, sowie die aus den Zöllen, den gemeinschaftlichen Verbrauchssteuern und aus dem Post- und Telegraphen-Wesen fliessenden gemeinschaftlichen Einnahmen. Insoweit dieselben durch diese Einnahmen nicht gedeckt werden, sind sie, so lange *Bundes-Steuern nicht eingeführt sind*, durch Beiträge der einzelnen Bundesstaaten nach Massgabe ihrer Bevölkerung aufzubringen, welche *bis zur Höhe des budgetmässigen Betrages**) durch das Präsidium ausgeschrieben werden.

Art. 71. Die gemeinschaftlichen Ausgaben werden in der Regel für ein Jahr bewilligt, können jedoch in besonderen Fällen auch für eine längere Dauer bewilligt werden.

Während der im Art. 60. normirten Uebergangszeit ist der nach Titeln geordnete Etat über die Ausgaben für das Bundesheer dem Bundesrath und dem Reichstage nur zur Kenntnissnahme und zur Erinnerung vorzulegen.

Art. 72. Ueber die Verwendung *aller* Einnahmen *des Bundes* ist von dem Präsidium dem Bundesrathe und dem Reichstage *zur Entlastung* jährlich Rechnung zu legen.

Art. 73. In Fällen eines ausserordentlichen Bedürfnisses können im Wege der Bundesgesetzgebung die Aufnahme einer Anleihe, sowie die Uebernahme einer Garantie zu Lasten des Bundes erfolgen.

XIII. Schlichtung von Streitigkeiten und Strafbestimmungen.

Art. 74. Jedes Unternehmen gegen die Existenz, die Integrität, die Sicherheit oder die Verfassung des Norddeutschen Bundes,***) endlich die Beleidigung des Bundesrathes, des Reichstages, eines Mitgliedes des Bundesrathes oder des Reichstages, einer Behörde oder eines öffentlichen Beamten des Bundes, während dieselben in der Ausübung ihres Berufes begriffen sind oder in Beziehung auf ihren Beruf, durch Wort, Schrift, Druck, Zeichen, bildliche oder andere Darstellung, werden in den einzelnen Bundesstaaten beurtheilt und bestraft nach Massgabe der in den letzteren bestehenden oder künftig in Wirksamkeit tretenden Gesetze, nach welchen eine gleiche gegen den einzelnen Bundesstaat, seine Verfassung, seine Kammern oder Stände, seine Kammer- oder Stände-Mitglieder, seine Behörden und Beamten begangene Handlung zu richten wäre.

Art. 75. Für diejenigen in Art. 74. bezeichneten Unternehmungen gegen den Norddeutschen Bund, welche, wenn gegen einen der einzelnen Bundesstaaten gerichtet, als Hochverrath oder Landesverrath zu qualificiren wären, ist das gemeinschaftliche Oberappellationsgericht der drei

---

für die Marine (Art. 50) werden die gemeinschaftlichen Ausgaben im Wege der Bundesgesetzgebung und, sofern sie nicht eine nur einmalige Anwendung betreffen, für die Dauer der Legislatur-Periode festgestellt.
*) Entwurf: *nach dem Bedarf*
**) Entwurf: Art. 67. *Ueber die Verwendung der gemeinschaftlichen Einnahmen und der Beiträge der Einzelstaaten ist von dem Präsidium dem Bundesrathe und dem Reichstage Rechnung zu legen.*
***) Entwurf: *die Erregung* von Hass oder Verachtung *gegen die Einrichtungen des Bundes oder die Anordnungen der Bundesbehörden durch öffentliche Behauptung oder Verbreitung erdichteter oder entstellter Thatsachen oder durch öffentliche Schmähungen oder Verhöhnungen,* endlich

Entwurf:

freien und Hansestädte in Lübeck die zuständige Spruchbehörde in erster und letzter Instanz.

Die näheren Bestimmungen über die Zuständigkeit und das Verfahren des Ober-Appellationsgerichts erfolgen im Wege der Bundesgesetzgebung. Bis zum Erlasse eines Bundesgesetzes bewendet es bei der seitherigen Zuständigkeit der Gerichte in den einzelnen Bundesstaaten und den auf das Verfahren dieser Gerichte sich beziehenden Bestimmungen.

Art. 70.   Art. 76. Streitigkeiten zwischen den verschiedenen Bundesstaaten, sofern dieselben nicht privatrechtlicher Natur und daher von den kompetenten Gerichtsbehörden zu entscheiden sind, werden auf Anrufen des einen Theils von dem Bundesrathe erledigt.

Verfassungsstreitigkeiten in solchen Bundesstaaten, in deren Verfassung nicht eine Behörde zur Entscheidung solcher Streitigkeiten bestimmt ist, hat auf Anrufen eines Theiles der Bundesrath gütlich auszugleichen oder, wenn das nicht gelingt, im Wege der Bundesgesetzgebung zur Erledigung zu bringen.

Art. 77. Wenn in einem Bundesstaate der Fall einer Justiz-Verweigerung eintritt, und auf gesetzlichen Wegen ausreichende Hülfe nicht erlangt werden kann, so liegt dem Bundesrathe ob, erwiesene, nach der Verfassung und den bestehenden Gesetzen des betreffenden Bundesstaates zu beurtheilende Beschwerden über verweigerte oder gehemmte Rechtspflege anzunehmen, und darauf die gerichtliche Hülfe bei der Bundesregierung, die zu der Beschwerde Anlass gegeben hat, zu bewirken.

XIV. Allgemeine Bestimmung.

Art. 78. Veränderungen der Verfassung erfolgen im Wege der Gesetzgebung, jedoch ist zu denselben im Bundesrathe eine Mehrheit von zwei Dritteln der vertretenen Stimmen erforderlich.

Tit. XIV.   **XV. Verhältniss zu den süddeutschen Staaten.**

Art. 71.   Art. 79. Die Beziehungen des Bundes zu den süddeutschen Staaten werden sofort nach Feststellung der Verfassung des Norddeutschen Bundes, durch besondere dem Reichstage zur Genehmigung vorzulegende Verträge, geregelt werden.

Der Eintritt der süddeutschen Staaten oder eines derselben in den Bund erfolgt auf den Vorschlag des Bundes-Präsidiums im Wege der Bundesgesetzgebung.

Berlin, den 16. April 1867.